BONSAI IM HAUS

© Verlag BCH, Bonsai-Centrum Heidelberg 1991

Lizenzausgabe für die BLV Verlagsgesellschaft mbH, München
8000 München 40 · ISBN 3-405-14089-7

Der Inhalt dieses Buches wurde sorgfältig geprüft; dennoch kann keine Garantie übernommen werden. Eine Haftung des Verlages bzw. des Autors und deren Beauftragten für Personen-, Sach- und Vermögensschäden ist ausgeschlossen.

Gestaltung und Layout: Studio C. Rieger, Heidelberg
Druck und Bindung: Color-Druck, Leimen

PAUL LESNIEWICZ

Bonsai im Haus

Indoors – richtig pflegen und gestalten

INHALT

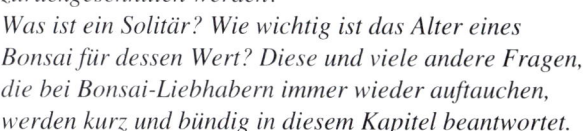

WACHSEN, WERDEN, ERKENNEN…

Die Liebe zu Bonsai und die Kunst, sich selbst zu vergessen.

Chinesische Landschaftsmalerei

Dieses Buch möchte Anleitung und Anregung sein. Es soll Hobby-Gärtnern und Pflanzenliebhabern helfen, erfolgreiche Gestalter der kleinen Bäume im Haus zu werden. Es kann aber auch denen, die Distanz zu „ihrer" Natur empfinden, einen Weg aus der Rastlosigkeit des Lebens zu mehr Harmonie und Gelassenheit zeigen.

Fernöstliche Traditionen, zu denen auch die Kunst der Bonsai-Gestaltung zählt, gewinnen in Europa immer mehr Anziehungskraft. Alle – das Bogenschießen und Blumenstecken, die Lack- und die Landschaftsmalerei – haben ihre Wurzeln in der Lehre des Zen-Buddhismus. Alle sind „kunstlose Künste", das heißt, daß die Meisterschaft darin besteht, die Stufe der Technik zu überwinden und zum Mittelpunkt des eigenen Tuns zu werden.
Wer sich der Bonsai-Gestaltung verschreibt – und ihr eine Zeitlang treu bleibt – wird Konzentration auf sich selbst, das Erleben von Zeit und damit ein Stück Glück erfahren.

Aus einer Handschrift des Martinus Opifex (1440):
Liebespaar mit Pflanzentisch.

Indoor-Bonsai – also Sträucher und Bäume, die in unseren Wohnungen gedeihen, haben für uns Europäer eine besondere Bedeutung. Denn unser Zuhause war schon früh in unserer Geschichte der Platz, an dem wir uns sicher fühlten, den wir gestalteten und verwalteten – ein Teil unserer Identität: Schon im Altertum haben die „Europäer" Natur in ihr Haus geholt – Topfpflanzen gehören zu unserer Wohntradition. So ist es naheliegend, daß die fernöstliche Kunst, kleine Bäume in Schalen zu kultivieren, in Europa zur Kunst der Bonsai-Gestaltung im Haus gereift ist.

Oft haben die Pflanzen, die sich als Bonsai für die Wohnung eignen, einen kultischen Hintergrund, der uns – wenn auch nicht immer bewußt – bei ihrer Pflege und Gestaltung inspiriert. So ist die Myrte seit Jahrhunderten Sinnbild der Freude und der Ölbaum Symbol der Weisheit und der Würde.

Bonsai im Haus zu hegen und zu pflegen, ist ein Weg, die Gesetze der Natur wiederzuentdecken und deren Sinn zu begreifen. Die kleinen, aber kräftigen und oft knorrigen Pflanzen über viele Jahre zu beobachten und zu gestalten, schult unser Auge, schärft unsere Sinne und hilft uns manchmal, uns selbst zu vergessen.

INDOORS –
NATUR ODER KULTUR?

„Am Neunertag, da will ich wiederkommen, mich an den Chrysanthemen still erfreuen."

(Mong Hao-Jan)

*oben: Wandmalerei im Grabe
des Prinzen Zhang Huai aus der Tang-Zeit
unten: in chinesischen Familien
wird die Kunst der Bonsai-Gestaltung von
Generation zu Generation vererbt*

Über die Geschichte der kleinen Bäume fürs Haus

Seit der Tang-Dynastie (618-906) gehört die Kunst der „Penjing"
zur Kultur Chinas. In Gedichten und Gemälden wird uns deren
Schönheit überliefert, die lange den Vornehmen und Reichen
vorbehalten war. Neben den Einflüssen des ZEN hat die enge
Beziehung der Menschen dieser Zeit zur Natur die Bonsai-
Gestaltung geprägt: Die Verehrung einfacher Formen, der Sinn für
das Wesentliche und die Huldigung der natürlichen Harmonie sind
Grundlagen der Bonsai-Kultur – bis heute.

Ziel der Gestaltung in China – später auch in Japan – war es, Bäume
in ihrer Schönheit und Grazie zu erfassen und sie als Bonsai ihren
großen Brüdern so ähnlich und wesensnah wie möglich zu formen.

An dieser Stelle soll für den Bonsai-Interessenten in der westlichen
Welt endgültig das Mißverständnis ausgeräumt werden, daß es sich
beim Formen und Gestalten der Miniatur-Bäume um eine geneti-
sche Veränderung handle. Wer einen Bonsai aufmerksam betrach-
tet, wird immer feststellen, daß Blüten und Früchte der Miniatur-
bäume kaum kleiner sind als die ihrer großen Vorbilder.

Das heißt: lediglich Stamm und Äste werden durch die Kunst des
Bonsai-Gärtners – ebenso wie es durch klimatische Einflüsse in der
Natur geschehen kann – klein gehalten. Das Erbgut der Pflanzen
bleibt unangetastet.

In China werden die kleinen Bäume als wertvoller Familienbesitz
von einer Generation an die nächste vererbt und auch die
gärtnerischen Fertigkeiten gibt der Vater an den Sohn weiter. So
wird die Tradition der Bonsai-Gestaltung im Reich der Mitte bestimmt nicht untergehen.

Gegen Ende der Ming-Dynastie (1368-1644) brachten
buddhistische Mönche oder – nach einer anderen Überlieferung –
ein Beamter Chinas die Bonsai-Kultur nach Japan. Wie so viele
chinesische Künste erlangte auch die Kunst der Bonsai-Gestaltung

Im Shintoismus werden die Bäume als Götter verehrt.

hier eine neue Hochform. Japanische Bonsai-Meister kultivieren bis heute kleine Bäume in unübertrefflicher Schönheit und Klarheit der Form. Aus Japan kam mit der Idee auch der Name in die westliche Welt: Bon-sai heißt Baum in der Schale. Die fernöstliche Kunst verbreitete sich hier mit angemessener Bedächtigkeit und hat erst in den vergangenen Jahrzehnten wirkliche Freunde, Liebhaber und Meister gefunden.

Bis weit in die siebziger Jahre standen die kleinen Bäume – wie ihre großen Brüder – immer im Freien. Bei uns auf Terassen, Balkonen und Veranden, in Gärten und Vorgärten. Da wir in unseren Breiten mehr drinnen als draußen leben, hat es seine Richtigkeit, daß die Entwicklung der „Indoors" – also der Bonsai für die Wohnung – aus der westlichen Welt kam. Kleine Bäume und Sträucher, die man nicht mehr durchs Fenster betrachten oder – wie einen Besuch – für wenige Stunden in die Wohnung holen mußte, waren eine faszinierende Idee für Menschen in modernen Großstädten. Sie sehnten sich nach Naturnähe und sie wollten ihre Häuser auf besondere Art – also nicht nur mit den üblichen Topfpflanzen – begrünen. Ganz sicher wurde die Entwicklung der Indoors auch vom westlichen Mythos der Bäume inspiriert: Mit den kleinen Bäumen holt sich der Mensch das Symbol der Stärke und des Lebens ins Haus.

Was sind das also für Bäume, die in unseren Wohnungen gedeihen? Es müssen Gewächse sein, deren Lebensrhythmus nicht an Jahreszeiten gebunden ist und deren natürliches Klima unserem Wohnklima ähnelt. Tropische und subtropische Bäume und Pflanzen erfüllen diese Bedingungen. In ihrer Heimat gibt es kaum jahreszeitliche Schwankungen und wenig Temperaturunterschiede. Die Vegetation vollzieht sich fast ohne die Ruhepause, wie wir sie im Winter bei unseren heimischen Pflanzen kennen. Vor allem in den tropischen Wäldern, in denen es immer feucht und warm ist, gedeiht eine ungeheure Fülle prächtiger Bäume und Pflanzen, die oft Hunderte von Jahren alt werden. Hier stehen die großen Vorbilder reizvoller Zimmer-Bonsai: Gummibäume, Bambus, Scheffleren, Jacaranda und viele andere. Gardenien, Azaleen, Citrus-Bäume, Kamelien, Granatäpfel, Myrten, Ölbäume, Pinien und andere wunderschöne und interessante Pflanzen stammen aus dem Mittelmeerraum, also aus subtropischen Gebieten. Sie können zu Bonsai fürs Haus, aber auch zu Outdoors gestaltet werden.

Daß wir diese Pflanzen kennen, daß wir sie naturgemäß und schonend verpflanzen können, war die Voraussetzung für die Entwicklung der Indoors. Dabei ist sich jeder Pflanzenliebhaber und Bonsai-Freund bewußt, daß Bäume und Sträucher von Natur aus im Freien leben, und daß Pflanzen im Haus von Zeit zu Zeit eine Erholung im Garten oder auf dem Balkon guttut. Natürlich ist für diesen „Urlaub" nur der Sommer geeignet – die Zeit, in der unser Klima dem Heimatklima der Indoors am ehesten entspricht.

oben: Der legendäre 1000-jährige Banjan-Baum
am Lijiang-Fluß in China
unten: Alter Ölbaum im Mittelmeerraum

WAS SIE ÜBER STANDORT UND PFLEGE WISSEN MÜSSEN

„Es gibt Leute, die mit ihren Pflanzen sprechen.
Ich halte mehr davon, ihnen zuzuhören."

(Dan Barton)

Hier geben Bonsai-Gärtner ihre Erfahrungen weiter.

Fragen wir die wirklich „alten Hasen" der Bonsai-Kunst, so erhalten wir selten Patentrezepte; denn keine Pflanze gleicht der anderen. Standort und Pflege hängen davon ab, ob Ihr Zimmer-Bonsai tropischer oder subtropischer Herkunft ist. Denn das Ursprungsklima bestimmt das spätere Leben der kleinen Bäume: deren Bedürfnisse, Verträglichkeiten, und Empfindlichkeiten. Eine der wichtigsten Informationen über Ihre Indoors ist daher das Ursprungsland.

Was Bonsai-Gärtner im Laufe der Zeit erkennen, ist das Zusammenspiel der verschiedenen Merkmale im Umfeld einer Pflanze. Das heißt zum Beispiel: Je mehr Licht Ihre Bäumchen im Haus bekommen, desto mehr Wärme vertragen sie. Je wärmer sie stehen, desto durstiger sind sie… usw. – Wenn Sie Hinweise und Ratschläge in diesem Buch durch eigene Erfahrungen ergänzen, werden Sie eines Tages Meister sein.

1. Das Licht:

Ebenso wie wir Menschen können auch Pflanzen nicht ohne Licht leben. Im Dunkeln werden sie krank. Denn nur mit Licht können Luft, Flüssigkeit und Nahrung in Wachstum und Leben umgesetzt werden. Vergessen Sie bitte bei der Standortwahl Ihrer kleinen Bäume im Haus nie, daß in den meisten Herkunftsländern der Indoors Sommer und Winter fast gleich und die Tage insgesamt heller sind als bei uns. Dann vergessen Sie auch nicht, daß es in den meisten Wohnungen nur ganz wenige Stellen gibt, die – vor allem während unserer Wintermonate – genug Licht für alle Indoor-Arten haben. Ideal ist ein Fensterplatz, der nicht im Schatten großer Bäume, hoher Mauern oder einem Dach liegt. Schon einen Meter entfernt vom Fenster nimmt – von unserem Auge fast unbemerkt – der Helligkeitswert erheblich ab. Bereits hier kann es für Ihre Bonsai zu dunkel sein. Sie merken das, wenn die Triebe

Verschiedene Bonsai auf Tabletts mit Zusatzbeleuchtung: Osram Birne HWL-R DE LUXE
160 Watt, 220-230 Volt, E 27

der Bonsai lang und dünn werden. Falls Sie das Gefühl haben, daß Ihre Bäumchen nur von einer Seite genügend Licht bekommen, drehen Sie die Pflanzen einmal im Monat um.

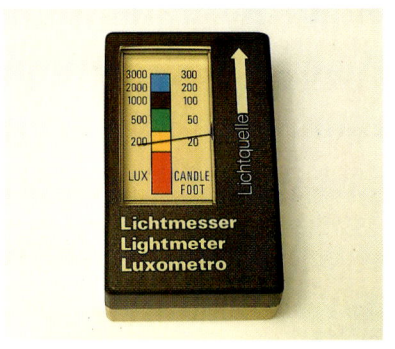

Luxometer

Licht heißt Sonnenlicht, aber – vor allem im Hochsommer – nicht direkte Sonnenbestrahlung. Sie kann am Südfenster während der Mittagshitze auch für sonnenhungrige Pflänzchen zu viel werden. Halten Sie sie durch eine Jalousie oder einen lichtdurchlässigen Vorhang ab. Wieviel Licht Ihr Bonsai mindestens braucht und wieviel optimal für ihn ist, erfahren Sie aus der Tabelle auf Seite 13. Gemessen wird die Helligkeit mit einem Luxometer – einem ganz einfachen und nicht kostspieligen Gerät – ähnlich dem Belichtungs-messer beim Fotografieren. Erreichen Sie den in der Tabelle ange-gebenen Mindestwert nicht, sollten Sie mit Kunstlicht nachhelfen. Je höher der künstliche Anteil Ihrer Lichtversorgung, desto länger – 12 bis 16 Stunden – müssen die Lampen brennen. Pünktlichkeit – also die Belichtung zu den immer gleichen Stunden – ist für Ihre Pflanzen wichtig. Ein Zeitschalter hilft auf einfache Weise.

Ein zusätzliches Belichtungsproblem besteht in unseren Breiten während des Winters – selbst wenn die Pflanzen am Fenster stehen. Die Tage sind ganz einfach zu kurz. – Verlängern Sie die Tage durch eine Belichtung mit Kunstlicht. Morgens vor Tagesanbruch und abends nach der Dämmerung. Im Oktober und März jeweils ca. 1 Stunde, im November und Februar 2 und im Dezember und Januar 3 Stunden. Auch hierbei bewährt sich ein Zeitschalter.

Normale Glühbirnen sind allerdings für die Belichtung von Pflan-zen nicht geeignet. Ihr Licht entspricht nicht dem Tageslicht, und sie können den Pflanzen Verbrennungsschäden zufügen. Von

Glasregal mit Zusatzlicht

Indoor-Freunden erprobt sind Osram-Floralux-Pendelleuchten und Philips-MDK-300 Kombi-Hochdruck-Quecksilberdampf-Lampen, außerdem HQL-Lampen von Bäro. Besonders geeignet für Regale sind Dreibandlampen Sylvania-Gro-Lux mit drei verschiedenen Lichtfarben und Leuchtstofflampen von Philips TCS-608-Kombi. Möglich sind auch Leuchtstoffröhren, die Aquarienfreunde benutzen, um Wasserpflanzen und Fischen die nötigen Lichtwerte zu sichern. Die Leuchtkörper werden je nach Art im Abstand von 25-80 cm über den Pflanzen angebracht.

Wenn Ihre Sammlung größer wird und der gut belichtete Platz nicht mehr ausreicht, hat sich ein Glasregal bewährt. Es ermöglicht die optimale Nutzung des Tageslichtes und eine gemeinsame Versorgung mit Kunstlicht. Eine schwenkbare Pflanzenlampe von Osram in 80 cm Abstand bringt z.B. ca. 2000 Lux. Da die Lichtwerte mit der Entfernung von der Lichtquelle abnehmen, stellen Sie besonders „lichthungrige" Pflanzen näher an die Lampe.

Der Lichtbedarf für Ihre Zimmer-Bonsai

Pflanze	Luxbedarf
Adenium obesum	1000
Aralia sieboldii	1000
Araucaria heterophylla	800
Ardisia crenata	1000
Aucuba japonica	800
Azalea	1000
Bougainvillea glabra	2000
Buxus harlandii	800
Cactaceae	2000
Calliandra brevipes	2000
Camellia japonica	1000
Carmona microphylla	1000
Casuarina equisetifolia	1500
Chamaecyparis	1000
Chamaedorea	800
Cissus rhombifolia	800
Citrus microcarpa	2000
Cocos nucifera	1000
Coffea arabica	1500
Cotoneaster	1500
Crassula arborescens	1000
Cupressus macrocarpa	1000
Cycas	800
Eugenia	1500
Euphorbia balsamifera	2000

Pflanze	Luxbedarf
Euphorbia pulcherrima	2000
Fatshedera	800
Ficus benjamina	1000
Ficus benjamina 'Lucy' – 'Natascha'	1000
Ficus buxifolia	2000
Ficus virens	2000
Ficus carica	1500
Ficus neriifolia	2000
Ficus panda	800
Ficus pumila	1000
Ficus religiosa, F. virens	2000
Ficus retusa, F. natalensis	1000
Ficus rubiginosa	1000
Fortunella hindsii	2000
Fuchsia	800
Gardenia jasminoides	1000
Grevillea robusta	1500
Hedera helix	1000
Helxinia	1000
Hibiscus	1500
Holarrhena	2000
Jacaranda mimosifolia	1500
Jacobinia carnea	1000
Lagerstroemia indica	2000
Lantana camara	2000
Ligustrum	1000
Lonicera nitida	800
Malpighia coccigera	1500
Murraya paniculata	1000
Myricaria cauliflora	1500
Myrtus communis	1000
Olea europaea	1000
Passiflora carnea	1000
Pellionia repens	800
Pistacia vera	1000
Pittosporum tobira	500
Podocarpus macrophyllus	800
Poinsettia	1500
Polyscias fruticosa	1500
Portulacaria afra	1000
Psidium guajava	2000
Punica granatum	1500
Pyracantha	1000
Rosmarinus officinalis	1000
Sageretia theezans	1000
Samanea saman	2000
Schefflera actinophylla	800
Selaginella	1000
Serissa foetida	1000
Tamarindus	2000
Ulmus parvifolia	1000

Triphasia trifolia

2. Die Luft:

Frische und feuchte Luft brauchen die kleinen Bäume genau wie andere Pflanzen, Menschen oder Möbel aus Holz. Im Sommer ist das kein Problem. Während der warmen Monate können Sie alle Indoors in die Sommerfrische in den Garten, auf die Terrasse oder den Balkon schicken.Wichtig ist, daß sie sich langsam und bedächtig an Licht, Luft und Sonne gewöhnen können. Am besten in „Portionen" von einigen Stunden an eher trüben und noch nicht so heißen Tagen im Frühsommer. Bonsai-Freunde aus Heidelberg haben die Idee des Außensims am Fenster verwirklicht. Einfach und genial. Mal stehen die kleinen Bäume draußen, mal drinnen – je nach Klima.

Im Winter – je kälter er ist und je mehr geheizt werden muß – brauchen Ihre Bäumchen „Klima-Hilfe": 40 bis 50 % Luftfeuchtigkeit sind ideal. Wenn Sie elektrische Luftbefeuchter nicht mögen (sie sind natürlich am sichersten), stellen Sie mit Wasser gefüllte Tonschalen in der Nähe Ihrer Pflanzen auf und hängen Verdunstungsbehälter an die Heizungen. Beides wird auch Ihren Atemwegen im Winter guttun.
Eine andere Möglichkeit, die umgebende Luft für Ihre Bäumchen feucht zu halten: Stellen Sie die Bonsai-Schalen auf ein Tablett, das Sie mit Sand oder Lecaton füllen. Halten Sie die Sand- oder Lecaton-Schicht immer gut feucht. So können tropische Bäumchen auch auf dem Fensterbrett über der Heizung stehen.
Auf ganz besondere und sehr dekorative Vorschläge von Bonsai-Fachleuten weist das Kapitel „Bildschöne Indoor-Ideen für gutes Wohnklima" auf Seite 71 hin.

Feuchte Luft ist für die Gesundheit Ihrer Bäumchen deshalb so wichtig, weil sie verhindert, daß der Baum „transpiriert". Dabei verdunstet nämlich mehr Wasser, als über die Wurzeln wieder aufgenommen werden kann. Die Spaltöffnungen an der Blattunterseite schließen sich, der Gasaustausch wird unterbrochen und der Wachstumsprozeß gestört. Ähnliches geschieht auch, wenn Staub die Spaltöffnungen verklebt. Daher empfehlen Ihnen Bonsai-Gärtner, die Indoors mindestens einmal pro Monat in der Badewanne mit lauwarmen Wasser abzubrausen.
Falls in Ihrer Wohnung – je nach Heizung und den im Haus verwandten Baustoffen – im Winter besonders trockene und auch staubige Luft entsteht, wählen Sie Ihre Bonsai danach aus. Es gibt empfindlichere und weniger empfindliche; Sie erkennen sie an den Blättern: Pflanzen mit dicken, oft ledrigen Blättern, verdunsten weniger Flüssigkeit, können also eher in trockenen Räumen überle-

oben: Das Außensims – eine Möglichkeit Bonsai im Freien aufzustellen, wenn kein Garten oder Balkon vorhanden ist..
unten: Die Bonsai werden auf ein Tablett gestellt, das mit Sand oder Lecaton gefüllt ist.

Ficus benjamina
über einen Felsen gezogen

ben. Ein Beispiel ist der Gummibaum. Große, weiche oder krautige Blätter weisen auf eine große Verdunstung hin. Diese Pflanzen sind auf hohe Luftfeuchtigkeit angewiesen. Beispiel: das Wandelröschen. Übrigens: Wer Bäume und Pflanzen im Haus hat, sollte auch einen Hygrometer haben.

Ein weiteres Winter-Risiko für Ihre Zimmer-Bonsai ist Zugluft. Tropische Bäumchen sind besonders empfindlich dagegen. Je kälter es draußen ist, desto riskanter kann für sie schon ein kurzes Öffnen der Fenster sein. Wenn draußen große Kälte herrscht, empfehlen Bonsai-Gärtner, empfindliche Pflanzen beim Lüften vom Fenster wegzustellen. Für die Bonsai-Freunde, die ihre Bäume nicht ins Freie bringen können gilt: im Sommer oft lüften.

3. Die Temperatur

Wenn Sie über die Lebensbedingungen für Ihre Bäumchen nachdenken, vergessen Sie nicht, daß keine Pflanze von der Natur fürs Haus geschaffen wurde. Die klimatischen Bedingungen in ihren Heimatländern bleiben Vorbild für die Umgebung, in der sie bei Ihnen am besten gedeihen. Das gilt besonders für die Temperatur: Je nachdem, wo Sie die kleinen Bäume als Akzent und grüne Insel in Ihrem Haus aufstellen möchten, sollten Sie subtropische – also „Kalthaus"-Pflanzen – oder tropische – also „Warmhaus"-Bonsai – wählen.

Subtropische Bäumchen und Sträucher sind in ihrer Heimat an warme Sommer und kühle Winter gewöhnt. Sie stehen in der warmen Jahreszeit gern auch an einer windgeschützten Stelle im Freien (langsam umgewöhnen!) und im Winter drinnen – an einem mäßig warmen Platz. 5° bis 15° C am Tag und etwas weniger in der Nacht sind ideal. Der findige und feinfühlige Bonsai-Gärtner gestaltet Balkon und Terrasse, Schlafzimmer, Flur, Loggia und Treppenaufgang – je nach Wohnwelt und Jahreszeit – mit subtropischen Bonsai.

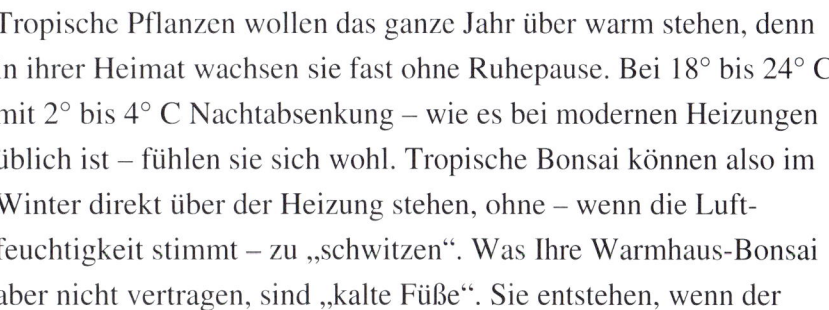

Bonsai im Wintergarten

Tropische Pflanzen wollen das ganze Jahr über warm stehen, denn in ihrer Heimat wachsen sie fast ohne Ruhepause. Bei 18° bis 24° C mit 2° bis 4° C Nachtabsenkung – wie es bei modernen Heizungen üblich ist – fühlen sie sich wohl. Tropische Bonsai können also im Winter direkt über der Heizung stehen, ohne – wenn die Luftfeuchtigkeit stimmt – zu „schwitzen". Was Ihre Warmhaus-Bonsai aber nicht vertragen, sind „kalte Füße". Sie entstehen, wenn der

Wurzelraum kälter ist als die Luft. Das kann auf Steinfensterbänken und durch nicht ganz schließende Fensterritzen passieren.

Genaue Temperaturangaben und andere Pflegehinweise für die schönsten und besonders beliebten Indoors finden Sie im zweiten Teil des Buches. Am besten, Sie schauen hier nach, bevor Sie sich für eine bestimmte Pflanze entscheiden oder den Standort für Ihren Bonsai bestimmen.

4. Gießen

Auch in China, dem Herkunftsland vieler Bonsai-Arten müssen die Bäume, je nach Temperatur mehr oder weniger häufig gegossen werden.

Zuviel ist mindestens so schädlich wie zuwenig.
Daher haben Bonsai-Schalen große Drainagelöcher, die das überschüssige Wasser abfließen lassen. Auch die richtige Erdmischung sorgt dafür, daß nicht zuviel Wasser im Wurzelraum festgehalten wird.

Zum Thema „Zuviel" sind auch die „nassen Füße" zu erwähnen. Sie sind extrem ungesund für Ihre Bonsai. Entstehen können Sie, wenn die Schale auf einem Tablett oder Untersetzer ohne Sand oder Lecaton steht. Wenn sich hier ein „Fußbad" bildet, kann es zum Faulen der Wurzeln kommen. Also: Ausleeren.

Austrocknen ist bei Bonsai ein größeres Risiko als bei anderen Topfpflanzen. Es kann leicht passieren, da der Wurzelraum – das ist ja gerade das Bonsai-Typische – sehr klein ist.

Wie oft sie ihre Bäumchen wässern, hängt von der Art, dem Standort und der Jahreszeit ab. Für das WIE gilt generell: langsam mit temperiertem, weichem Wasser.
Auch unser Regenwasser ist ja nicht mehr das, was es einmal war. Hobby-Gärtner empfehlen daher abgestandenes Leitungswasser. Abgestanden, da es so die Raumtemperatur annimmt und die Pflanze nicht „schockt". Kaltes Wasser würde die Erde abkühlen und verhindern, daß Flüssigkeit und Nährstoffe von den Wurzeln aufgenommen werden.
Sehr hartes (kalkhaltiges) Wasser bewirkt mit der Zeit eine chemische Veränderung der Erde. Ihr Säuregrad (gemessen am pH-Wert) nimmt ab. Ideal sind 8-9° DH (Deutsche Härtegrade). Dieses Wasser hat auch den richtigen pH-Wert von 5,5-6,5. Sie können den Härtegrad Ihres Leitungswassers beim zuständigen Wasseramt oder bei Ihrem Gärtner erfragen. Ist Ihr Wasser zu hart, werden Sie es

spätestens feststellen, wenn sich am Stammansatz der Bäumchen und am inneren Schalenrand weißliche Kalkablagerungen bilden. Jetzt wissen Sie, daß Sie das Wasser enthärten müssen. Kochen Sie es ab, oder verwenden Sie einen biologischen Enthärter wie Aquisal oder Aquasoft. Aquaflor – der Wasserfilter von Brita – ist ebenfalls eine bewährte Möglichkeit. Dieses Gerät erhalten Sie im Fachhandel. Auch Mineralwasser hat sich bewährt.

Gießen Sie mit kleinen Pausen. Nur so kann sich das Erdreich richtig vollsaugen. Wenn die Erde allerdings sehr trocken ist, nimmt sie das Gießwasser zunächst nicht auf und gibt es durch die Drainagelöcher wieder ab. Haben Sie Geduld. Gießen Sie einfach langsam weiter.

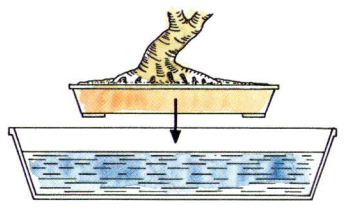

Tauchen

Bonsai sollen nach Möglichkeit nie ganz austrocknen. Wenn Sie dringend Wasser brauchen, kann es der Bonsai-Liebhaber sehen, fühlen und hören. Wenn z.B. eine Pflanze ihre jungen Triebe hängen läßt, ist es höchste Zeit, zu gießen. Trockene Erde läßt sich mit den Fingerspitzen zerkrümeln, fühlt sich wärmer an als feuchte und ist heller. Wenn Sie an den Schalenrand klopfen, klingt es – bei sehr trockener Erde – hohl. Auch, wenn Sie beim Gießen feststellen, daß die Erde nur wenig aufnahmefähig ist und daß das Gießwasser schnell wieder durch die Drainagelöcher abfließt, ist es höchste Zeit, zu wässern oder zu tauchen. Zum Tauchen stellen Sie die Pflanze solange bis über den Schalenrand ins Wasser, bis keine Luftblasen mehr aufsteigen. Übrigens: Tauchen ist bei Bäumchen in kleinen Schalen ganz allgemein besser als Gießen.

Der Bonsai-Boden soll also immer leicht feucht – nicht naß – sein. Wenn Ihnen aber auffällt, daß die Bonsai-Erde ungewöhnlich lang feucht bleibt, kann das ein Zeichen dafür sein, daß die Wurzeln nicht in Ordnung sind oder die Erde verschlammt ist. Wahrscheinlich tut ein Umtopfen mit Wurzelschnitt jetzt gut.

Eine Wohltat für alle Bäumchen ist von Zeit zu Zeit ein „Regen". Für die, die im Sommer draußen stehen, kommt er ja oft von selbst. „Immer-Indoors" werden mit temperiertem Wasser in der Badewanne abgebraust.
Vorsicht: Nach dem Brausen dürfen die Bäumchen nicht in die pralle Sonne. Die Wassertropfen auf den Blättern würden wie Brenngläser wirken. Also, bei Hitze, um die Mittagszeit – wenn nötig nur die Erde gießen oder tauchen.

Fürs Abbrausen oder Übersprühen ist aber auch der Abend ungeeignet. Die Nachtkühle könnte verhindern, daß die Pflanzen wieder ganz abtrocknen – das macht sie anfällig für Pilze und Krankheiten.

Feuchtigkeitsmesser

Ganz wichtig – auch beim Gießen, Tauchen und Besprühen – ist Ihre Aufmerksamkeit. Denn jedes Bäumchen ist anders und keines ist das ganze Jahr über gleich. Je besser Sie ihre Indoors beobachten, desto weniger Fehler werden Sie bei der Pflege machen.

Übrigens: Es gibt praktische und preiswerte Feuchtigkeitsmesser. Sie zeigen den Feuchtigkeitsgehalt der Erde genau an.

5. Düngen

Die im Gießwasser gelösten Salze reichen zur Ernährung der kleinen Bäume nicht aus – die Pflanzen brauchen Nahrung aus dem Boden. Frische Erde enthält alle notwendigen Nährstoffe wie Stickstoff, Phosphor, Kali, Kalk, Schwefel, Eisen und Spurenelemente. Da Bonsai im Vergleich zu allen anderen Pflanzen aber in besonders wenig Erde leben, ist der Vorrat an diesen Nährstoffen schnell aufgebraucht. Nach vier bis sechs Wochen sollte man deshalb beginnen zu düngen.

Organischer Dünger ist pflanzlichen oder tierischen Ursprungs. Um von der Pflanze aufgenommen werden zu können, müssen seine Inhaltsstoffe in Nährsalze umgewandelt werden. Bei allen flüssigen organischen Düngern – z.B. dem flüssigen organischen Bonsai-Dünger – ist diese Umwandlung bereits abgeschlossen.
Wer seine Pflanzen sehr gewissenhaft ernähren möchte, düngt einmal während der Hauptwachstumszeit zusätzlich mit organischem Pulverdünger. Er verbessert die Bodenflora.

Anorganische oder Voll-Dünger – z.B. der normale Blumendünger – eignen sich auch für Ihre Indoors. Wichtig ist, daß Sie sparsamer dosieren als es auf der Packung angegeben ist. Als Faustregel gilt: halbe Menge, aber öfter düngen. Im Sommer alle zwei bis vier Wochen, im Herbst und Winter alle sechs bis acht Wochen. Wenn Ihre Kalthauspflanzen sehr kühl und vielleicht nicht besonders hell stehen, düngen Sie während der kalten Jahreszeit überhaupt nicht. Gedüngt wird immer die feuchte Erde. In trockenem Boden würden die Salze zu intensiv wirken und könnten den feinen Wurzeln schaden.

Beim Düngen ist weniger oft mehr. Wenn Ihre Bäumchen ein bißchen matt und kümmerlich aussehen oder weniger Wasser verbrauchen als üblich – machen Sie nicht den Fehler, diese „Krise" durch mehr Nahrung zu bekämpfen. Das Gegenteil ist richtig. Pausieren Sie mit dem Düngen. Nehmen Sie sicherheitshalber das Bäumchen aus der Schale und schauen Sie die Wurzeln an. Sind die Enden nicht weiß, sondern braun, fühlen sich schmierig an und lassen sich leicht abziehen, dann wissen Sie, warum Ihr Bäumchen kümmert: Die Wurzelenden sind tot und können keine Nahrung aufnehmen. Schneiden Sie sie ab und pflanzen Ihren Indoor in neue Erde. Und danach: Düngepause bis neue Wurzeln treiben. Ebenfalls nicht gedüngt werden wollen die Bäumchen kurz vor und während der Blüte. Die zusätzliche Kraft ginge in die Triebe; das Bäumchen könnte seine Knospen und Blüten abwerfen.

Während der Blüte nicht düngen.

Auch beim Düngen gibt es keine allgemeingültigen Rezepte für alle Bonsai-Arten. Auch hier ist es wichtig, die Bäumchen zu beobachten, Herkunft und Standort zu berücksichtigen, aus der eigenen Erfahrung zu lernen und ihr zu vertrauen – eine Grundweisheit fernöstlicher Bonsai-Kultur.

Im zweiten Teil des Buches von Seite 87 bis Seite 173 finden Sie zu allen beliebten Indoors auch fürs Düngen einen Erfahrungswert, an dem Sie sich orientieren können.

6. Krankheiten und Schädlinge

Mit den Pflanzen ist es ähnlich wie mit den Menschen: Wenn sie sich an ihrem Platz wohlfühlen und gut versorgt sind, werden sie seltener krank. Mit ihren natürlichen Abwehrkräften halten sich Ihre Bonsai Krankheiten und Schädlinge meistens „vom Leib". Doch zu viele Kompromisse beim Standort (z.B. zu wenig Luftzirkulation oder zu hohe Temperaturen) oder oft unvermeidliche Versäumnisse bei der Pflege können auch Indoors anfällig für Pilze oder Schädlinge machen. Vorbeugen – daß heißt aufmerksame und liebevolle Pflege – ist also die beste Medizin. Aber: Auch fachgerecht gepflegte Bäumchen können einmal krank werden. Deshalb beschreiben wir auf den nächsten Seiten die häufigsten Erkrankungen und Schädlinge. Dies soll Ihnen helfen, rechtzeitig das Richtige zu tun. Für alle Pflanzen- und Naturliebhaber wird dies mehr und mehr auf biologische Weise möglich. Natürliche, umweltverträgliche Krankheits- und Schädlingsbekämpfung wird immer effektiver und kann die Chemie weitgehend ersetzen.

Zunächst zu den **Krankheiten**. Meistens läßt sich ihre Ursache in der Umgebung der Pflanzen finden und beheben. Aber auch der Patient sollte behandelt werden, damit er nicht zuviel eigene Kraft in die Genesung investieren muß. Beachten Sie dabei bitte die auf den Bekämpfungsmitteln angegebenen Schutzvorschriften. Um eine Resistenz der Schädlinge zu verhindern, verwendet der Hobby-Gärtner bei der Behandlung unterschiedliche Mittel im Wechsel.

Echter Mehltau ist eine Pilzerkrankung auf der Oberseite der Blätter. Sie kann entstehen, wenn den Zimmer-Bonsai die Luftzirkulation fehlt oder wenn die Pflanzen zu spät am Abend übersprüht wurden und vor der Nacht nicht mehr abtrocknen konnten. Oder hat Ihr Bäumchen zuviel stickstoffhaltigen Dünger bekommen?
Behandeln Sie Ihre Pflanze wenn möglich natürlich: Mit „Bio-Blatt-Mehltau-Spray" oder „Bio-Myctan-Zimmerpflanzen-Spray". Diese biologischen Mittel wirken sicher – wenn auch etwas langsamer als Saprol-Lösung oder Rosenspray Baymat.

Falschen Mehltau erkennen Sie an einem grauen Schimmelbelag an der Unterseite der Blätter und gelben Flecken an der Oberseite. Ihrem Bäumchen fehlt die Luftzirkulation oder es leidet unter zu hoher Feuchtigkeit in Luft und Boden. Stellen Sie es an eine luftigere Stelle und spritzen Sie mit Euparen oder Polyram Combi. Je früher, desto weniger wird nötig sein.

Gelbsucht oder Chlorose färbt die Blätter gelb, während die Blattadern grün bleiben. Diese Mangelerscheinung an Eisen können Sie mit Fetrilon F im Gießwasser beheben.

Sternrußtau – eine rußartige, schwarze Ablagerung – bildet sich vor allem an den älteren Blättern und oft nur auf einer Seite. Diese Erkrankung tritt häufig zusammen mit Blattläusen auf. Behandeln Sie Ihr Bäumchen mit Ortho-Phaltan 50 oder Rosenspray Baymat.

Wurzelfäule entsteht, wenn Ihre Indoors zu häufig „nasse Füße" haben oder überdüngt wurden. Sie kann die Ursache dafür sein, daß sich die Blätter verfärben oder Äste absterben.
Bei Wurzelfäule werden die Wurzelfasern braun und matschig. Sie müssen entfernt werden.
Danach wird Ihr Indoor in neue Erde gepflanzt und gut gewässert. In den nächsten Wochen gießen Sie etwas weniger als sonst, denn die Wurzeln müssen sich neu bilden und können noch nicht so viel

Wasser aufnehmen. Mindestens 8 Wochen nicht düngen! Stellen Sie das Bäumchen während der Genesungszeit auch nicht direkt in die Sonne.

Schädlinge können heute sehr effektiv auf biologische Art bekämpft werden – ganz besonders, wenn sie frühzeitig entdeckt und behandelt werden. Für viele Pflanzenfreunde ist die Anwendung von „Nützlingen" – also der natürlichen Feinde der Schädlinge – zunächst ungewohnt. Wer aber einmal die naturgemäßen Lebensvorgänge für die Gesundheit seiner Pflanzen genutzt hat, ist meistens überzeugt.

Grundlage der biologischen Schädlingsbekämpfung durch „Nützlinge" ist der Wettbewerb verschiedener Organismen. Dieser Wettbewerb verhindert, daß sich unerwünschte Kleinlebewesen – zum Beispiel Schädlinge – vermehren. Fehlen die natürlichen Feinde, was bei den Bäumchen in Schalen oft der Fall ist, können sich die Schädlinge ausbreiten und die Pflanze schließlich „auffressen".

Wer „Nützlinge" anwendet, muß wissen, daß sie nur solange am Leben bleiben, wie sie Nahrung – also Schädlinge – finden. Sind diese vertilgt, sterben auch die Nützlinge.

Die Schädlingsbekämpfung durch Nützlinge wirkt bei Temperaturen über 18° C – allerdings nicht so radikal wie die „chemische Waffe". Lassen Sie ihr Zeit. – Die Liebe zu Bonsai hat ja auch sonst viel mit Geduld zu tun.

Und jetzt zu den Schädlingen:

Blattläuse sitzen meist an der Unterseite der Blätter oder an den Triebknospen und saugen das Bäumchen regelrecht aus. Die Triebe und Blätter verkümmern. Oft genügt es, die Blattläuse durch Abbrausen (z.B. in der Badewanne) zu entfernen. Wenn nicht, sprühen Sie mit Neudosan AF oder fügen dem Gießwasser das Konzentrat dieses Mittels bei. Wenn Sie Nützlinge einsetzen möchten, werden Sie gute Erfahrungen mit den Larven der Florfliege – den sogenannten „Blattlaus-Löwen" machen. Sie werden von der Firma Neudorff angeboten. Bei geflügelten Blattläusen hilft auch der Gelb-Sticker.

Schildläuse zeigen sich als bräunliche, pockenartige Erhebungen – meist auf der Unterseite der Blätter oder am Stamm. Sie lassen sich mit einem Hölzchen abkratzen oder mit der Hand abreiben. Hilft das nicht, spritzen Sie mit „Promanal AF". Nach zwei Tagen lassen sich die Schildläuse meist mit einem weichen Lappen oder Papier entfernen.

Spinnmilben erkennen sie an einem hauchfeinen Spinnennetz über fahl werdenden Blättern. Wenn Sie den Ast über einem weißen Papier schütteln, werden die Milben sichtbar. Sie sehen meistens aus wie rotes Paprika-Pulver, können aber auch gelb oder braun sein. Mit einer Lupe erkennen Sie die Milben. Für die schnelle Vernichtung dieser Schädlinge gibt es das Spezialmittel „Metasystox R Spezial".

Besser, weil natürlicher: Sie verwenden „Bio Myctan" oder „Neudosan AF" – beide zwei- bis dreimal im Abstand von 10 Tagen.

Wenn Sie die Spinnmilben frühzeitig entdecken, oder nach der Behandlung vorbeugend etwas tun möchten, empfehlen Bonsai-Freunde die Raubenmilbe (von Neudorff) als natürlichen Feind.

Springschwänze leben in oder auf der Erde und können sich sprungartig fortbewegen. Einzeln sind diese Insekten eher nützlich; schädlich werden sie, wenn sie in Massen auftreten. Dann fressen sie am Wurzelwerk. Vermehren können sich Springschwänze nur in sehr feuchtem Boden. Zur Bekämpfung eignet sich „Neudosan" von Neudorff.

Trauermücken sind schwarz und nur wenige Milimeter groß. Schädlich sind nicht die ausgewachsenen Insekten, sondern deren Larven. Sie sind 6 bis 7 mm lang, dünn, glasig-weiß und an ihrem ausgeprägten Kopf erkennbar. Sie ernähren sich von zarten Wurzeln. Zur Bekämpfung reicht meistens ein einziger Gelb-Sticker pro Pflanze. Die Gelbe Farbe lockt die Insekten an, und sie bleiben an dem Leim kleben, mit dem die Sticker beschichtet sind.

Weiße Fliegen – stäbchenförmige Mottenschildläuse – sind besonders oft auf Sageretien, Granatäpfeln und dem Hibiscus zu finden. Ihr Auftreten wird durch stehende und trockene Luft begünstigt. Ihre Larven und Eier verstecken sich an den Blattunterseiten. An den Blattoberseiten fällt die gelbe Sprenkelung auf. Sie können diese Schädlinge mit ihren natürlichen Feinden – den Schlupfwespen – zum Absterben bringen (erhältlich von Neudorff). Außerdem hilft das Gartenspray Parexan, das biologische Promanal AF, Neudosan AF oder Gelb-Sticker.

Wolläuse – eine Art kleine Wattebällchen am Stamm, an den Astgabelungen und in den Winkeln zwischen Zweigen und Blättern. Diese winzigen Schädlinge sitzen im Inneren des Wollknötchens in einer wächsernen Masse und verschanzen sich gegen alle Gegenmittel von außen. Am besten bekämpfen Sie sie mit „Promanal AF" oder „Promanal". Oder: Streuen Sie Compron- oder Croneton-Granulat auf das Erdreich. Einen „Nützling" gibt es hier nicht.

Wurzelläuse können ein Gelbwerden der Blätter und ein Verkümmern des ganzen Bäumchens verursachen. Wenn Sie das Bäumchen aus der Schale heben und an den Wurzeln winzige weißlich-graue, wie Wattebällchen aussehende Gebilde entdecken, ist es von Wurzelläusen befallen. Sie können Compron- oder Croneton-Granulat auf die Erde streuen oder – bei starkem Befall – die Erde mit Alphos- oder Metasystox-Lösung gießen.

Ganz allgemein läßt sich zum Thema Schädlingsbekämpfung bei Ihren Indoor-Bonsai sagen: Wo Erde ist, entsteht auch Leben und nicht alles, was sich bewegt, ist schädlich. Mit der Zeit werden Sie einen klaren únd sicheren Blick dafür erhalten.

Wenn Sie sich für eine Behandlung entscheiden, hören Sie nicht zu früh damit auf. Auch wenn Sie glauben, die Schädlinge seien besiegt, behandeln Sie noch weitere zwei- bis dreimal. So können Sie sicher sein, daß Sie auch Schädlinge, die erst später aus abgelegten Eiern geschlüpft sind, erwischt haben.

7. Einpflanzen und Umpflanzen

höchste Zeit zum Umpflanzen

Daß junge und „erwachsene" Bonsai regelmäßig umgepflanzt werden, erfüllt wichtige Aufgaben in der Entwicklung der Bäumchen. Denn:

● Nach 1 bis 3 Jahren ist die Erde verbraucht. In Qualität und Quantität. Die Pflanze hat dem Boden alles Gute entzogen, der pH-Wert der Erde ist verändert, die Durchlässigkeit für Luft und Wasser hat abgenommen. Auch die Erdmenge hat sich verkleinert – die Pflanze hat den Boden regelrecht aufgefressen. Auch füllt das Wurzelwerk des Bonsai nach dieser Zeit fast die ganze Schale aus.

● Wurzeln müssen beschnitten werden. Ein Wurzelschnitt um ca. 1/3 ist beim erwachsenen Bonsai alle 2 bis 3 Jahre fällig. Dadurch wird das Wurzelwachstum angeregt und die Proportion von Baumkrone und Wurzelballen wieder hergestellt. Außerdem sollen die abgestorbenen Wurzelteile entfernt werden.

● Manche Bäumchen brauchen von Zeit zu Zeit eine größere Schale, d.h. mehr Wurzelraum. Vor allem sind es die jungen und die schnell wachsenden. Der Größenunterschied zwischen der alten und der neuen Schale richtet sich danach, wieviel das Bäumchen gewachsen ist.

● Junge Bonsai kommen vom Topf in die Schale. Wenn der Steckling, der ja in einem normalen Blumentopf heranwächst, in seinem Wachstum an einem ganz bestimmten Punkt angelangt ist, kann seine Entwicklung langsamer vorangehen. Der begrenzte Wurzelraum der Bonsai-Schale sorgt dafür.

Wurzeln werden beim Umtopfen um ca. 1/3 zurückgeschnitten.

Der beste Zeitpunkt für das Umpflanzen ist der Beginn der Wachstumsperiode – also das Frühjahr. Ausnahme: Die Blütezeit. Blühende Bäumchen verpflanzt man nach der Blüte.
Wie oft Sie Ihre Bonsai umpflanzen, hängt von der Art ab. Junge und schnell wachsende Pflanzen brauchen jedes Jahr einen Wurzelschnitt, neue Erde und eine größere Schale; ältere Bäumchen werden alle 2-3 Jahre umgepflanzt, Nadelgewächse nur alle 3-5 Jahre. Aber: Auch beim Umtopfen hält sich der Bonsai-Liebhaber mehr an seine Beobachtungen und Erfahrungen als an starre Regeln. Wenn z.B. die Erde so durchwurzelt ist, daß der Wurzelballen schon hochgeschoben wird, ist es höchste Zeit zum Umpflanzen.

Die Handgriffe beim Umpflanzen und Wurzelschneiden

Lassen Sie die Erde vor dem Umpflanzen ein wenig trockener werden als gewöhnlich; sie löst sich leichter von den Wurzeln. Um zu vermeiden, daß das Bäumchen unnötig lange „nackt" – also ohne Erde – herumliegt, bereiten Sie Ihr Handwerkszeug vor, bevor Sie mit dem Umpflanzen beginnen.

Als erstes lösen Sie das Bäumchen mit dem Erdballen aus dem Gefäß. Wenn Sie es wieder in die gleiche Schale einpflanzen, reinigen Sie diese gründlich, damit keine Krankheitskeime in die neue Erde übertragen werden.

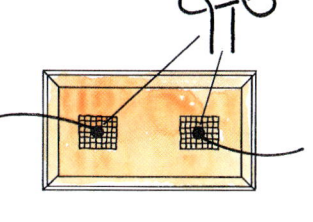

Pflanzen Sie Ihren Bonsai in eine neue Schale, bedecken Sie die Drainagelöcher mit Plastiknetzen und befestigen jede mit einer Drahtschlinge, damit sie nicht verrutschen. So verhindern Sie ein Ausrieseln der Erde.

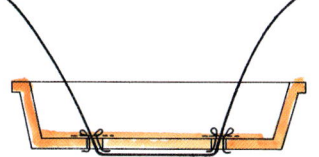

Wenn Sie eine sehr flache Schale ausgewählt haben und befürchten, Ihr Bäumchen könnte nicht genügend Halt bekommen, führen Sie einen Draht durch die Drainagelöcher. Mit seinen Enden können Sie den umgetopften Baum befestigen. Bei Zimmer-Bonsai ist dies selten nötig, da sie nach dem Umtopfen nicht ins Freie gestellt, also nicht Wind und Wetter ausgesetzt werden sollten.

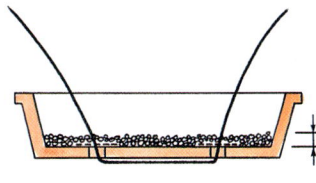

Pflanzen Sie Ihr Bäumchen in eine sehr hohe Schale, empfiehlt sich eine Drainageschicht, um Staunässe zu vermeiden. Streuen Sie – bevor Sie mit Erde auffüllen – kleine Kieselsteine auf den Boden der Schale, etwa 2 cm hoch.

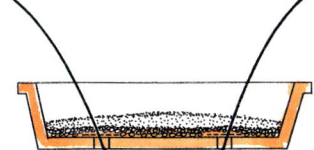

Geben Sie jetzt ein kleines Häufchen Erde auf die Drainageschicht oder den Schalenboden.

Nehmen Sie die Pflanze zur Hand und lösen Sie die alte Erde vorsichtig mit einem Holzstäbchen bis auf den Grundballen von den Wurzeln ab. Schneiden Sie die Wurzeln um 1/3 bis 1/2 zurück.

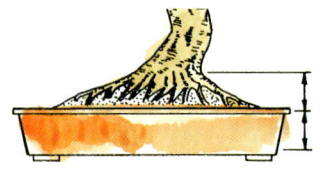

Setzen Sie Ihren Zimmer-Bonsai auf die Erde – aber nicht ganz in die Mitte. Achten Sie darauf, daß der Wurzelansatz über den Schalenrand schaut. Um den Wurzelansatz zu verbessern, können Sie die Wurzeln gleichmäßig nach allen Richtungen verteilen.

Besonders störrische Wurzeln werden mit einer Drahtklammer festgehalten.

Falls Sie einen Draht eingezogen haben, befestigen Sie Ihr Bäumchen.

Geben Sie die Erde in die Schale, drücken Sie sie mit einem Stäbchen in die Hohlräume zwischen den Wurzeln und mit den Fingern am Schalenrand entlang fest. Sie erleichtern sich das Gießen, wenn Sie mit dem Daumen einen ca. 1/2 cm breiten Gießrand eindrücken.

Glätten Sie den Boden; lassen Sie ihn zum Stamm hin ein wenig ansteigen.

Nach dem Umpflanzen wässern Sie Ihren Indoor kräftig, damit die nasse Erde alle Zwischenräume schließen kann. Danach gießen Sie sparsam; denn die Wurzeln nehmen jetzt weniger Flüssigkeit und Nahrung auf. Aus diesem Grund düngen Sie umgepflanzte Bäumchen vier bis sechs Wochen nicht.

Die richtige Erde

Verwenden Sie niemals gebrauchte Erde für Ihre Bonsai. Sie hat nicht mehr genügend Nährwerte, ist nicht „sauber" – also bakterienfrei, nicht genügend durchlässig für Flüssigkeit oder locker für den notwendigen Sauerstoff. Sie können Ihre Bonsai-Erde gut selbst herstellen, wenn Sie sich über die richtige Zusammensetzung informieren. Bonsai-Erde ist meist ein Gemisch aus Lehm, Sand und Humus. Der Lehm (eine natürliche Mischung aus Sand und Ton) hat eine Pufferwirkung; Sand lockert die Erde auf und macht sie durchlässiger für Luft und Wasser (Drainage-Wirkung); Humus ist u.a. wichtig als Nährboden für die lebensnotwendigen Bakterien. Er ist z.B. in Torf und Waldboden enthalten.

Für Ihre Indoors eignet sich die Mischung aus 3 Teilen krümeligem Lehm, 5 Teilen Weißtorf und 3 Teilen Sand. Für Azaleen und alle Indoors, die saure Erde brauchen, verändern Sie die Mischung in: 1 Teil Lehmerde, 5 Teile Torf, 2 Teile Sand. Alle Bestandteile können Sie kaufen; krümeligen Lehm finden Sie aber auch auf Äckern. Selbstverständlich können Sie die Erde für Ihre Zimmer-Bonsai auch fertig kaufen. Anerkannt gut ist die Mischung aus dem Heidelberger Bonsai-Centrum. Sie enthält Niedermoortorf, Hochmoortorf, Vermiculit, gewaschenen Sand, Ziegelsplitt, Algenmehl und granulierten Lehm und ist mit Nährstoffen und Spurenelementen angereichert. Der pH-Wert dieser Erdmischung liegt bei 5,5-6,8 und ist für fast alle Bonsai geeignet. Für Azaleen (Moorbeetpflanzen) ist dieser Boden zu wenig sauer. Für sie muß saurer Torf zugesetzt werden.

Das Handwerkszeug zum Umpflanzen

Spätestens, wenn Sie zum ersten Mal umpflanzen, werden Sie erkennen, daß eine Grundausstattung an gutem Handwerkszeug einfach dazugehört. Legen Sie sich bereit, was Sie jetzt brauchen:

- Die Universal-Bonsai-Schere zum Schneiden der Wurzeln. Sie eignet sich auch zum Schneiden von Trieben, Zweigen und dünnen Ästen.

- Wurzelzange zum Schneiden dicker Wurzeln – direkt am Ballen

- Plastiknetze zum Verschließen der Drainagelöcher.

- Eloxierten Alu-Draht in verschiedenen Stärken.

● Eine Wurzel-Kralle – oder ein Holzstäbchen. Mit ihnen ziehen Sie das verfilzte Wurzelwerk beim Umtopfen auseinander.

● Einen Bonsai-Besen zum Reinigen und Glätten der Erdoberfläche.

Bestimmt sind die Bonsai-Gießkanne mit der feinen Brause und ein Sprühgerät längst in Ihrem Besitz. Wenn nicht, sind sie für die Pflege nach dem Umtopfen wirklich empfehlenswert.

Wenn Sie Ihr Bonsai-Handwerkszeug gut pflegen, werden Sie es lange haben. Reinigen mit einem alkoholgetränkten Lappen und immer wieder Ölen sind das richtige Rezept.

FORMEN UND GESTALTEN

„Schaut Euch die Bäume an. Jeder lebt für sich; keiner kennt den andern."

(Zen – Buddhistischer Lehrer)

Lernen Sie Schritt für Schritt von den Meistern der Bonsai-Kunst

oben: Ein schattenspendender tropischer Baum (Tamarindus) von Reisfeldern umgeben.
unten: Ein Mischwald im Herbst.

Wer Lebendes gestaltet, wird es nie willkürlich tun. So drückt sich die Liebe zu den kleinen Bäumen auch in der Einfühlungsgabe aus, das Wesentliche in ihnen zu erkennen und sichtbar zu machen.

Vorbild für die Gestaltung Ihrer Indoors sind die großen Brüder draußen in der Natur. Dennoch geht es nicht um ein Nachbilden, sondern um die Kunst, vom Charakter der Bäume und Sträucher Schlichtheit und Klarheit zu lernen und den kleinen Bäumen im Zimmer nach diesem Gebot ihre individuelle Gestalt zu geben.

Schauen wir uns in einem Park oder Mischwald um, erkennen wir ganz verschiedene Grundformen und Gestaltungsprinzipien von Bäumen und Sträuchern. Trotz der unterschiedlichen „Persönlich-

Ficus virens, über einen Felsen gewachsen.

keit" jedes Baumes, hat jede Art ihre typischen Merkmale: In der Anordnung der Äste und Zweige, der „Bodenfreiheit" – also dem Abstand zwischen Erde und dem ersten Ast – ; im Wuchs des Stammes und der Gestalt der Krone. Je besser Sie sich die Grundformen der Bäume in der Natur einprägen, desto sicherer werden Sie beim Betrachten Ihrer Bonsai deren Gestalt erkennen.

Der Bonsai-Meister stellt sein Bäumchen in Augenhöhe und schaut „hinein". Er gönnt sich Ruhe und nimmt sich Zeit.
Lassen Sie sich von der Gewohnheit der Meister inspirieren und von deren Erfahrungen beim Schneiden, Binden, Biegen und Drahten anleiten. Die Grundformen der Bäume in der Natur – schon als Bonsai gestaltet – haben wir als Anregung für Sie skizziert.

Streng aufrechte Form
Äste wachsen gleichmäßig nach allen
Seiten, die Vorderseite des Baumes
bleibt bis zum oberen Drittel astfrei.

Frei aufrechte Form
Der Stamm wächst in Windungen, die
zur Spitze hin enger werden. Äste
wachsen an den Außenbiegungen und
nach hinten.

Gedrehter Stamm
Der sich nach oben hin verjüngende
Stamm ist in sich gedreht. Verschiede-
ne Wuchsrichtungen sind möglich.

Wurzel-Stamm
Hier bilden die Wurzeln den unteren
Teil des Stammes. Mangrovenbäume
mit ihren Stelzwurzeln sind das
Vorbild für diese Bonsai-Form.

Trauerweiden-Form
Ein mehr oder weniger aufrecht
wachsender Baum mit herabhängen-
den Ästen.

Besen-Form
An einem aufrecht wachsenden
Stamm verzweigen sich Äste ab einer
bestimmten Höhe rundum. Diese
Form erinnert an einen Reisigbesen.

Kugel-Form

Die dicht wachsenden Äste bilden an einem aufrecht wachsenden Stamm eine kugelförmige Baumkrone aus.

Schirm-Form

Viele tropische Bäume bilden riesige, schirmförmige, schattenspendende Baumkronen aus.

Kegel-Form

Schlanke, streng aufrecht wachsende Bäume wie z.B. Zypressen.

Literaten-Form

Der Stamm wächst frei aufrecht oder leicht geneigt; Äste nur im oberen Drittel. Eine Form, die die größte künstlerische Freiheit möglich macht.

Windgepeitschte Form

Die Äste und Zweige wachsen an dem geneigten Stamm nur in einer Richtung wie vom Wind gepeitscht.

Geneigter Stamm

Der windgepeitschten Form ähnlich, aber die Äste wachsen in alle Richtungen. Auf der Seite, zu der sich der Baum neigt, sind die Wurzeln verstärkt sichtbar.

Halbkaskade

Vorbilder in der Natur: Bäume, die über eine Felsklippe waagrecht hinausragen. Die Spitze des Bonsai befindet sich auf der Höhe des Schalenrandes oder etwas tiefer.

Kaskade

Vorbilder in der Natur: Bäume, die tief über einen Felsen herabhängen. Der Stamm und die Zweige des Bonsai neigen sich weit über den Rand einer meist hohen Schale hin.

Zweierstamm

Zwei Stämme unterschiedlicher Stärke und Höhe wachsen aus einer Wurzel und sind in ihrem Astaufbau harmonisch aufeinander abgestimmt.

Mehrfachstamm

Mehrere Stämme wachsen aus einer Wurzel und bilden eine kleine Baumgruppe.

Floß-Form

Ein Stamm wird waagrecht in eine Schale gepflanzt und bildet Wurzeln aus. Die Äste wachsen nach oben und wirken wie Einzelbäume.

Wald-Form

Mehrere, in Alter, Höhe und Stammstärke unterschiedliche Bäumchen der gleichen Art werden in eine sehr flache Schale gepflanzt.

Pflanzung auf dem Felsen
Die Bäume wurzeln auf dem Fels in
kleinen Mulden oder
Felsspalten.

Pflanzung über den Felsen
Die Bäume senken ihre Wurzeln über
den Felsen hinab in das Erdreich der
Schale ein.

Schneiden

Eine der wichtigsten gärtnerischen Künste ist das Beschneiden von
Ästen und Zweigen, Trieben und Blättern. Ziel ist nicht nur, die
Bäumchen niedrig zu halten, sie auszulichten oder in die charakteri-
stische Form zu bringen, sondern auch, daß sie gesund bleiben und
wachsen. Lernen Sie hier die einzelnen Schritte kennen.

Das Schneiden der Äste und Zweige

Wenn aus der Jungpflanze ein Bonsai werden soll, erfolgt der sog.
Grundschnitt. Auch hier gilt das oberste Bonsai-Gesetz, daß die
eigene Vorstellung vom Charakter des Bäumchens wichtiger ist als
starre Regeln. Was die Meister als Anregung weitergeben, soll
daher lediglich als eine Hilfe verstanden werden.
Generell gilt: Wer sich entschließt, seine Bäumchen zu schneiden,
sollte sich Zeit und Muße dafür nehmen. Betrachten Sie die Pflanze
immer wieder; schauen Sie „in sie hinein"; stellen Sie sich vor, wie
sich ihre Gestalt verändert, wenn einzelne Äste fehlen.

Am Anfang kostet das Schneiden den Bonsai-Gärtner natürlich
etwas Überwindung. Die Erkenntnis aber, daß die Beschränkung
auf das Wesentliche den Charakter der kleinen Bäume ausmacht,
wird ihn bald mutig und immer sicherer machen.

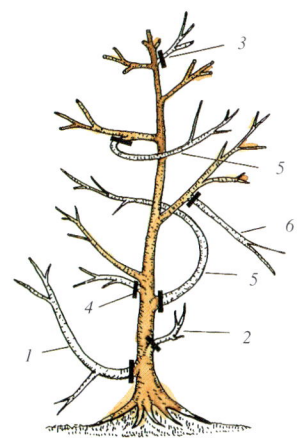

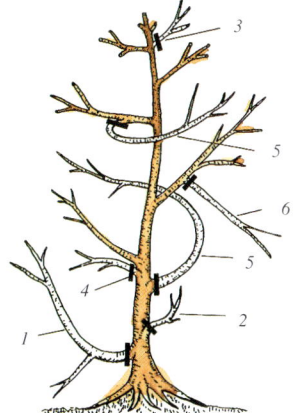

Nach dem Schnitt.

Der Grundschnitt:

1. Entfernen Sie alle Äste im unteren Drittel der Vorderseite. Vorderseite nennt man beim Bonsai die Seite, von der man am besten in das Bäumchen hineinschauen kann, auf der viel von der Struktur des Stammes und der Äste zu sehen ist.

2. Die Äste eines Bonsai sollen nicht nach vorn, sondern nach den Seiten und nach hinten wachsen. Nur im oberen Teil der Baumkrone sind kleine Äste und Zweige, die nach vorne zeigen aus gestalterischen Gründen „erlaubt".

3. Schneiden Sie einen von zwei Ästen, die sich auf der gleichen Stammhöhe gegenüberstehen und zwar den, der nicht der Rechts-Links-Reihenfolge entspricht.

4. Schneiden Sie einen von zwei Ästen, die direkt übereinander wachsen.

5. Entfernen Sie Äste, die von einer Seite über den Stamm zur anderen wachsen und…

6. …Äste, die nach unten wachsen.

Wie Sie Äste und Zweige fachgerecht entfernen, sehen Sie auf den folgenden Abbildungen:

- Dünne Äste werden mit einer Bonsai-Schere direkt am Stamm abgeschnitten.

- Dickere Äste schneidet man am besten mit einer Konkav- oder Knospenzange. Sie hinterläßt eine vertiefte Schnittstelle (konkav), die schnell zuheilt und nur kleine Narben hinterläßt.

- Sehr starke Äste werden zunächst grob abgesägt. Das „Endstück" schneiden Sie am besten mit der Konkavzange ab. Verschließen Sie größere Schnittstellen mit Baumwachs (Lac-Balsam).

Das Schneiden der Triebe

Mit dem „cut and grow" – dem Schneiden und Wachsenlassen der
Triebe erhalten und verändern Bonsai-Gärtner die Form ihrer
Bäumchen und geben ihren Indoors Kraft und Gesundheit. Grund-
sätzlich bleiben Triebe nur stehen, wenn sich aus ihnen ein neuer
Ast entwickeln soll und – wenn die bereits vorbezeichnete Richtung
stimmt. Sie ist leicht zu erkennen, da Triebe grundsätzlich über
einem Blattansatz oder Auge geschnitten werden und Blattstiel oder
Auge in die Richtung des späteren Astes zeigen.

*Beim Schneiden waagrecht wachsender Äste
Wuchsrichtung des Neuaustriebes beachten.
Vor und nach dem Astschnitt:
links = richtig; rechts = falssch.*

*Schnitt über einem
Blattansatz und Auge.*   *Neuer Austrieb nach dem Schneiden.*

Schneiden Sie die Triebe immer
in der Wuchsrichtung des Neuaus-
triebs. Geschnitten wird in der
Regel bis auf 1-3 Blattpaare oder
Blätter, wenn sich mindestens 6-8
Blattpaare oder Blätter entwickelt
haben und der Trieb bereits leicht
verholzt ist. Aber: Schneiden Sie
nicht zu dicht am letzten Blatt oder
Blattpaar, damit Sie die „schlafenden Augen" der Blattachsel nicht
verletzten. Man kann aber auch
schon die Triebknospen abzupfen.

Triebknospen abzupfen.

Immer entfernt werden Triebe, die für das Bäumchen nutzlos sind.
Nutzlos heißt: welk oder abgestorben, zu dicht bei einem anderen
Trieb oder Zweig oder den Blick auf den Stamm behindernd.

Das fachgerechte Schneiden der Triebe hält Bonsai „jung und
schön", denn es fördert die Bildung neuer Knospen und die feine
Verästelung der Krone.
Die richtige Zeit für das Schneiden der Triebe ist bei tropischen
Bäumchen fast immer. Sie wachsen ja das ganze Jahr. Bei Bonsai
subtropischer Herkunft mit der Hauptwachstumsperiode im Frühjahr und Sommer ist dies auch die richtige Zeit für den „cut".
Ausnahme ist die Blütezeit. Blühende Bäumchen werden nicht
beschnitten.

vor dem Schnitt   *nach dem Schnitt*

Das Schneiden der Blätter

Der Blattschnitt hat für die Harmonie der kleinen Bäumchen große Bedeutung. Gestaltungsziel sind mehr und kleinere Blätter – also ein dichteres Blattwerk in schönerer Harmonie zu Stamm, Ästen und Zweigen.

Das Schneiden der Blätter ist aber auch ein intensiver Eingriff in das Leben der kleinen Bäume. Bonsai-Freunde empfehlen daher, die Pflanze nicht auf einmal ganz zu entblättern, sondern in zwei Etappen mit ca. 14 Tagen Pause dazwischen. Da heißt: beim ersten Mal entfernt man nur die größten Blätter. Bei starken und gesunden Pflanzen können aber auch alle Blätter auf einmal entfernt werden.

Vor dem Blattschnitt.

Neuaustrieb nach dem Blattschnitt.

*oben: Beim Ficus religiosa wurden
alle Blätter entfernt.
unten: Nach 6 Wochen hat er wieder neue,
wesentlich kleinere Blätter entwickelt.*

Geschnitten wird immer so, daß ein Stück des Stiels stehen bleibt; denn an dessen Anwachsstelle entwickelt sich aus dem „schlafenden Auge" ein neuer Trieb. Der richtige Zeitpunkt für den Blattschnitt ist Mai bis Juli.

Nach dem Blattschnitt braucht der Bonsai weniger Wasser, denn ein Teil seiner Verdunstungs-„Organe" fehlt ja vorübergehend.

Manchmal sehen die Indoors, wenn sie frisch geschnitten sind, wenig attraktiv aus, aber man wird belohnt, weil Stamm, Äste, Zweige und Blätter danach viel schönere Proportionen zeigen.

Schefflera arboricola, von David Fukumoto, Hawaii. Ein wunderschöner Indoor.

Das Schneiden der Wurzeln und Luftwurzeln

Über den regelmäßigen Wurzelschnitt haben Sie sich bereits im Kapitel „Umpflanzen und Wurzelschnitt" informiert.
Denken Sie immer daran, daß Wurzelballen und Baumkrone miteinander „korrespondieren" – ineinander Entsprechung finden. Einem kräftigen Wurzelschnitt sollte daher immer auch ein Schnitt der Baumkrone folgen.

Gestaltungselement tropischer Indoors sind oft deren Luftwurzeln. Man läßt ihrem Wachstum freien Lauf und kultiviert so das exotische Aussehen der Pflanze. Wachsen die Luftwurzeln senkrecht in die Erde oder werden am Stamm entlang nach unten geführt, so dienen sie auch als zusätzliche „Versorgungsleitung". Luftwurzeln, die optisch stören oder im Verhältnis zum Bäumchen zu dominant werden, können ohne Schaden abgeschnitten werden.

Pflanze mit Luftwurzeln

Das Verdicken von Stamm und Ästen

Manchmal wirkt der Stamm oder ein Ast eines Bonsai in der Proportion zu anderen Zweigen und Ästen zu dünn. Machen Sie ihn stark! Das Grundprinzip ist ganz einfach: Äste, Zweige und Blätter ziehen Nahrung aus dem Boden und zwar nicht nur für ihr eigenes Wachstum, sondern auch für den sie tragenden Stamm, Ast oder Zweig. Ist also der Stamm unten im Vergleich zur Krone zu dünn, lassen Sie auch die bodennahen Äste, die Sie normalerweise – der Form zuliebe – entfernen würden, stehen. Sie beschleunigen den Nährstoffaustausch im unteren Teil des Stammes und sorgen dafür, daß er dicker wird. Hat er den gewünschten Umfang erreicht, werden die Äste entfernt.

Ebenso verfahren Sie mit dünnen Ästen und Zweigen. Lassen Sie für einige Zeit den Wildwuchs an Zweigen, Trieben und Blättern zu – der tragende Ast oder Zweig wird dadurch kräftiger.

Damit der untere rechte Ast dicker wird und zu den oberen Ästen in seiner Proportion paßt, läßt man ihn wachsen bis er die gewünschte Dicke erreicht hat. Erst dann wird er zurückgeschnitten.

Binden und Biegen

Ein chinesischer Bonsai-Gärtner gestaltet seinen Buchsbaum durch Binden mit Kokosfasern.

In der Weiterentwicklung der Bonsai-Kultur wurden die traditionellen Methoden des Formens und Gestaltens durch neue ergänzt. Biegen und Binden sind Möglichkeiten, die – fachgerecht angewandt – die Pflanze in ihrem Wuchs beeinflussen. Geduld, Beschaulichkeit und Gefühl für die Belastbarkeit des Bäumchens – also echte Bonsai-Tugenden – sind dafür nötig. Ziel des Biegens und Bindens ist zum Beispiel Nähe und Distanz zwischen zwei Ästen zu verändern.

Ein anderer häufiger Gestaltungswunsch ist, Äste und Zweige mehr nach unten – dem Boden zuzuneigen. Die folgenden Beispiele werden Sie anregen. Wichtig bei der Methode des Bindens und Biegens ist, daß Sie die Stellen, an denen Schnur oder Draht an Ästen und Zweigen befestigt wird, polstern. Ein Stück Gummi oder Stoff tun gute Dienste.

Bei dieser Ulme wurden die Äste mit Bonsai-Draht nach unten gebunden und an der Schale befestigt.

Äste, die sich voneinander entfernen sollen, werden mit einem Brettchen auseinandergebogen.

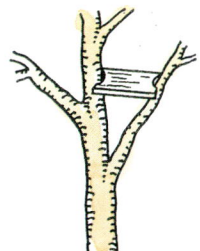

Um Zweige und Äste einander anzunähern, werden sie zueinander gebogen und so festgebunden.

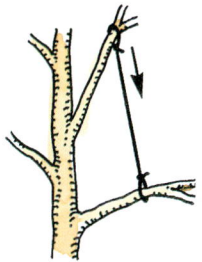

Soll ein Ast nach unten gebogen werden, beschwert man ihn mit einem Gewicht: zum Beispiel einem Stein.

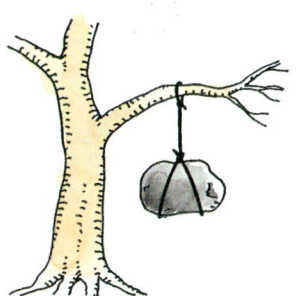

Möchten Sie mehrere Äste nach unten neigen, eignet sich die Methode, sie mit einer Schnur an Stamm oder Schale zu binden.

Drahten und Formen

Ein Ficus 'Natascha' wurde gedrahtet.

Umwickelt man Äste, Zweige oder Triebe mit Draht, können sie in eine andere als die gewachsene Form gebogen werden. Man läßt sie dort so lange verharren, bis sie von selbst in die neue Richtung weiterwachsen. – Ein behutsamer Gewöhnungsprozeß also, der aber nur mit Hilfe einer „Technik" möglich wird. Erfahrene Bonsai-Gärtner nutzen diese Möglichkeit z.B. um zu starr wirkenden Ästen einen Schwung zu geben und sie eventuell nach unten zu biegen, was das Bäumchen „älter" macht. Oder aber, wenn krumme Äste und Zweige begradigt werden sollen. Sie nehmen dafür in Kauf, daß der gedrahtete Indoor für ein halbes bis eineinhalb Jahre – so lange dauert der Prozeß – einiges von seiner Schönheit einbüßt. Genau wie die Kinder, die mit ihren Zahnspangen auch nicht immer vorteilhaft aussehen.

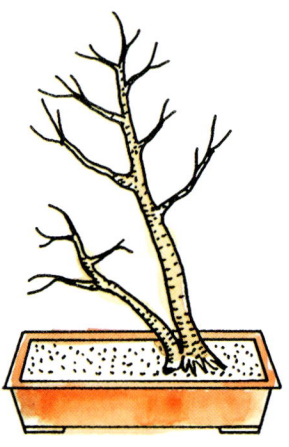

vor dem Drahten   *nach dem Drahten*

Der Effekt auch sparsamen Drahtens und Formens ist oft weit größer, als der noch unerfahrene Bonsai-Gärtner sich vorstellen kann. Man erreicht nämlich mit dem Drahten nur einzelner Äste, daß mehr Licht in das ganze Bäumchen fällt, daß sich die inneren Zweige und Äste besser entwickeln und sich die Gestalt des Bäumchens verändert!

Drahten ist also keine Technik, die das Wachstum hemmt – im Gegenteil. Einzige Ausnahme ist das Neigen von Ästen nach unten. Es verlangsamt die Entwicklung. Achten Sie daher besonders darauf, daß die Triebe am Ende des nach unten gebogenen Zweiges wieder leicht nach oben zeigen. So können Sie sicher sein, daß sie nicht vertrocknen oder absterben.

Wichtig ist der richtige Draht in der richtigen Dicke und Länge. Am besten eignet sich eloxierter Aluminiumdraht. Er läßt sich leicht biegen und fällt durch seine dunkle Eloxierung wenig auf.

Der Autor beim Drahten eines Bäumchens.

Der Durchmesser des Drahts soll etwa 1/3 des Ast- oder Zweigdurchmessers betragen. In der Länge rechnet man zur Länge des Astes oder Zweiges etwa 1/3 dazu. Ein kleines Sortiment unterschiedlich starker Drähte gehört zum empfehlenswerten Handwerkszeug des Bonsai-Gärtners.

Kleine Formkorrekturen mit Draht, an denen Sie diese Bonsai-Technik üben können, sind das ganze Jahr über möglich. Triebe aber erst dann drahten, wenn sie gereift, das heißt leicht verholzt sind! Größere Formveränderungen nimmt der Bonsai-Meister von Herbst bis Frühjahr vor, also nicht in der Hauptwachstumszeit. Damit der Draht nicht in die Rinde einwächst oder sie verletzt, empfehlen Bonsai-Liebhaber, besonders bei Indoors nicht zu fest zu wickeln und den Draht eventuell mit einem Papierband zu umhüllen. Je öfter Sie nachsehen, desto schneller können Sie auf eine erste kleine Beschädigung der Rinde reagieren. Lösen Sie den Draht – auch wenn das Gestaltungsziel noch nicht erreicht ist. Es schadet Ihrem Indoor nicht, wenn Sie zwei- oder dreimal neu drahten. Es würde ihm aber Wunden und Narben zufügen, wenn Sie einen eingewachsenen Draht gewaltsam aus der Rinde entfernen müßten.

Mit der Drahtzange wird der Draht direkt am Stamm durchgetrennt ohne die Rinde zu verletzen.

Sollte es trotz aller Vorsicht einmal passieren, daß ein Draht eingewachsen ist, entfernen Sie die nicht verwachsenen Teile mit einer Drahtzange und lassen Sie das eingewachsene Stück im Baum. Es gibt viele ehrwürdige, schöne, alte Indoors, die mit einem Stück eingewachsenem Draht leben.

Behutsamkeit ist auch beim Formen der gedrahteten Äste und Zweige wichtig. Hilfreich kann sein, vor dem Drahten zu testen, wie weit sich der Ast oder Zweig „ohne Schmerzen" biegen läßt. Sollte dennoch einmal ein Riß entstehen, verschließen Sie ihn sofort mit Baumwachs und – falls er größer ist – umwickeln Sie ihn mit Bast.

An den folgenden Beispielen werden Sie die wichtigsten Handgriffe des Drahtens und Formens erlernen:

Der Stamm wird gedrahtet:

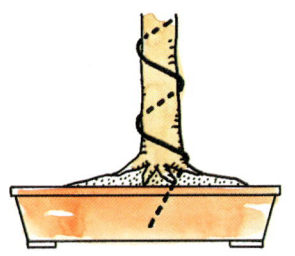

Der Drahtanfang wird an der Rückseite des Bäumchens vom Stammansatz schräg bis zum Boden der Schale in die Erde gesteckt. Nehmen Sie einen dicken Draht für den Stamm.

Ein Ast wird gedrahtet:

Auch, wenn es ein einzelner Ast ist, der geformt werden soll, umwickeln Sie immer auch den gegenüberliegenden. Das gibt dem Draht Halt. Beginnen Sie mit dem Wickeln in der Mitte – also am verbindenden Stamm. Die Winkel der Drahtwindungen sollen etwa 45° betragen, der Abstand möglichst gleichmäßig sein.

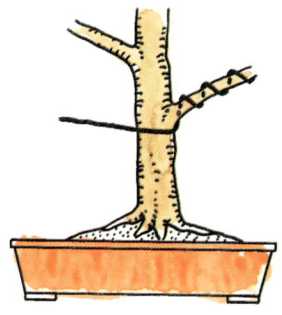

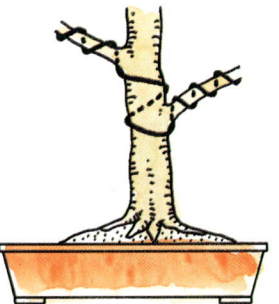

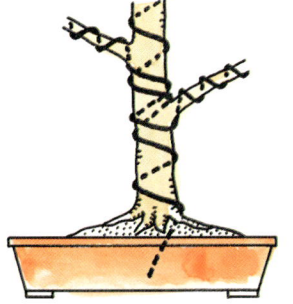

Stamm, Äste und Zweige werden grundsätzlich in Wuchsrichtung spiralenförmig gewickelt – also von unten nach oben. Lassen Sie die Drahtenden nicht stehen, schneiden Sie sie ab und zwar auf der Rückseite des Astes oder Zweiges.

Ein Zweig wird gedrahtet:

Je dünner der Zweig, desto enger liegen die Windungen zusammen. Extrem dünne Teile des Zweiges oder noch nicht verholzte Triebe sollen nicht gedrahtet werden.

Achten Sie darauf, daß Sie keine Blätter einwickeln.

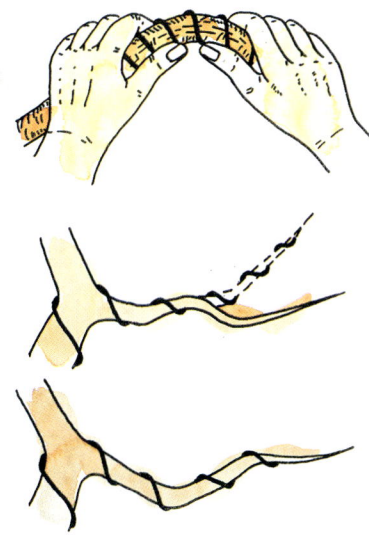

Der gedrahtete Ast oder Zweig wird mit Kraft – aber gleichzeitig auch mit Gefühl gebogen. Die formende Kraft der Handfläche erhält einen Gegendruck durch den Daumen. Dieser „Griff" hilft zu vermeiden, daß ein Ast oder Zweig bricht.

Biegen Sie den Ast nicht gegen seine ursprüngliche Krümmung. Beziehen Sie die Ur-Form mit in die Gestaltung ein.

Die erste Biegung eines Astes soll nah am Stamm, die eines Zweiges nah am tragenden Ast vorgenommen werden.
Wenn Sie nach unten biegen, biegen Sie gleichzeitig auch leicht nach vorn.

Ihr Handwerkszeug zum Formen und Gestalten

Über die Grundausstattung des Bonsai-Gärtners haben Sie sich bereits im Kapitel „Umpflanzen" informiert. Hier finden Sie das Handwerkszeug zum Schneiden, Biegen, Drahten und Formen.

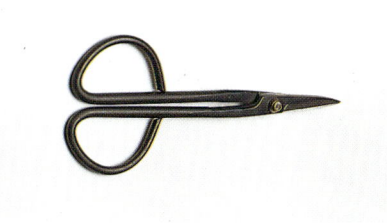

● Eine schmale, lange Bonsai-Schere, um Triebe zu schneiden und die Krone auszulichten.

● Eine breite Bonsai-Schere für viele Verwendungszwecke.

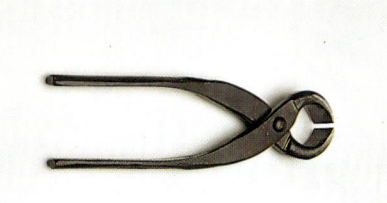

● Die Wurzelzange zum Entfernen von dicken Wurzeln direkt am Wurzelballen.

● Die Bonsai-Säge für dicke Äste

● Eine Konkav-Zange, um Äste ganz dicht am Stamm so abzuschneiden, daß die Wunde schnell verheilt.

● Eine Bonsai-Pinzette zum Abzwicken und Auszupfen junger Triebe, welker Blätter und vielleicht auch zum Entfernen von Ungeziefer.

● Ein Blattschneider zum Schneiden der Blätter und Triebknospen.

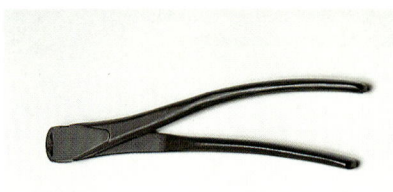

● Eloxierten Alu-Draht in verschiedenen Stärken von 1 mm – 6 mm.

● Eine Drahtzange, die so konstruiert ist, daß Sie den Draht dicht am Ast oder Zweig abknipsen können, ohne die Rinde zu verletzen.

Wenn Sie sich nach und nach Ihr Handwerkszeug ergänzen und sich eine immer vollkommenere Ausstattung zulegen, vergessen Sie die Pflege nicht. Schleifen Sie die Schneidwerkzeuge von Zeit zu Zeit nach. Regelmäßige Reinigung mit einem Öllappen macht kaum Arbeit.

Antike Bonsai-Schale aus der Töpferstadt Fushan, China; ca. 120 Jahre alt.

Die Bonsai-Schale als Gestaltungselement

Blick ins Bonsai Museum Heidelberg

Die Kunst, einzigartig schöne Keramikschalen als Pflanzgefäße für Bonsai von Hand zu fertigen, hat in China und Japan ebensolange Tradition wie die Bonsai-Kultur. Auch in Europa gibt es inzwischen berühmte Sammlungen kostbarer Bonsai-Schalen aus allen Ländern von der ganz einfachen Form bis zu den reich geschmückten Exemplaren.

Die Bedeutung der Schale für den Bonsai wird oft mit der des Rahmens für ein Bild verglichen. Wie beim Rahmen von Kunstwerken kann die Schale des Bonsai den Charakter der Pflanze aufgreifen oder ein Gegengewicht dazu bilden. Die Wahl der Größe, Farbe und Form für ein ganz bestimmtes Bäumchen ist eine hochentwickelte Kunst.

Das Betrachten von Fotos in guten Bonsai-Büchern, das Bummeln durch Ausstellungen oder Bonsai-Museen schult Auge und Augenmaß für die richtige Wahl der Schale.

Auch bei der Gestaltung der Indoors durch die Wahl der Schale gibt es keine starren Gesetze. Wichtig ist, daß Pflanze und Pflanzgefäß zu einem harmonischen Ganzen werden.

Handgetöpferte Schalen von Peter Krebs, Herborn.

Grundsätzlich unterscheidet man runde und ovale, rechteckige und quadratische, 6- und 8-eckige und blütenförmige Schalen. Sie alle können tief oder flach, mit Füßen oder ohne, bemalt und geschmückt oder einfarbig sein.

Je präziser die Vorstellung des Bonsai-Liebhabers über die passende Schale für seinen Indoor und das ihn umgebende Ambiente wird, desto mehr Geduld ist oft nötig, dieses Gefäß zu finden. Ein Gang durch die guten Fachgeschäfte lohnt sich in jeden Fall. Relativ groß ist die Auswahl im Bonsai-Centrum Heidelberg, da das dazugehörige Museum und dessen wertvolle Sammlung auch hier hohe Maßstäbe setzen. Auch gibt es inzwischen einige europäische Töpfer, die schöne Schalen in guter Qualität herstellen.

Selbstverständlich gibt es auch bei der Wahl des Pflanzgefäßes Faustregeln, die am Anfang sehr hilfreich sind und später immer mehr durch eigene Erfahrungen ersetzt werden.
Hier einige Beispiele:

Ficus religiosa

● Zu aufrecht wachsenden Indoors passen flache runde, ovale oder rechteckige Schalen.

Vitex quinata

● Ein Bäumchen mit dichter und schwer wirkender Krone verlangt optisch nach einem massiven Pflanzgefäß.

Ficus nanda

● Für die Kaskaden-Form eignen sich als Gegengewicht tiefe Schalen.

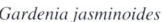

Gardenia jasminoides

● Blühende Indoors und solche mit Blättern von lichtem Grün harmonieren mit hellen, glasierten Schalen.

Casuarina equisetifolia

● Indoors mit dunklen Blättern oder Nadeln wirken besonders gut in braunen, roten oder grauen Schalen.

In der Regel umfaßt die Länge der Schale zwei Drittel der Höhe des Bäumchens. Sollte der Indoor breiter als hoch sein – was sehr selten vorkommt – wählt man eine Schale, die 2/3 so breit wie die Pflanze ist.

Die Höhe der Pflanzschale soll etwa der Dicke des Stammes oder bei Gruppenpflanzungen der Stärke des größten Baumes entsprechen. Die Seitenwände einer Bonsaischale können gerade, schräg, gewölbt oder geschwungen sein. Die geraden Linien passen zu den strengen Bonsai-Formen, während die runden Umrißlinien mit den weichen und gebogenen Baumformen harmonieren.

Bei flachen, rechteckigen und ovalen Pflanzgefäßen bildet immer die längere Seite die Frontseite.

Und noch etwas: Achten Sie beim Aussuchen Ihrer Schalen immer darauf, daß die Innenseiten unglasiert sind.

Antike, bemalte Schale aus Yixing, China; 18. Jahrhundert.

Antike Schale aus Yixing mit chinesischen Schriftzeichen.

120 Jahre alte Schale mit den typischen Farben und Ornamenten der Töpferstadt Fushan, China.

Alte, chinesische Bonsai-Schale aus Porzellan.

150 Jahre alte Bonsai-Schalen aus Fushan, China.

Bei flachen, quadratischen und sechseckigen Schalen zeigt im allgemeinen eine gerade Seite nach vorn. Es ist aber auch möglich, eine Ecke nach vorn zu drehen.

Bei sehr tiefen Schalen kann eine gerade Seite oder eine Ecke nach vorn zeigen. Tiefe, sechs- und achteckige Schalen werden so aufgestellt, daß eine Ecke vorn zu sehen ist.

Beim wahren Bonsai-Liebhaber, der seine Indoors mit viel Gefühl in sein Ambiente einbezieht, entsteht aus dem Bonsai-Hobby nicht selten eine Sammlung alter, kostbarer Schalen. Die klassische Schönheit der handgefertigten Stücke überragt auch die sehr edler Schalen aus moderner Produktion. Alte Pflanzgefäße können mit Ornamenten geschmückt, kunstvoll geformt, aus Porzellan und bemalt sein. Sehr eindrucksvoll aber ist, daß die schönsten und kostbarsten der traditionsreichen Gefäße von überwältigender Einfachheit sind.

ÜBUNG MACHT DEN MEISTER

---

*„Wenn ich wüßte, daß morgen die Welt unterginge, würde ich heute noch
mein Apfelbäumchen pflanzen."*

(Martin Luther)

Gestalten Sie vier klassische Bonsai-Formen

Nicht die Art, sondern die Persönlichkeit der Pflanze und die Vorliebe des Bonsai-Gärtners entscheiden, in welche Form ein Bäumchen hineinwächst. Diese alte Bonsai-Weisheit wird im folgenden Kapitel anschaulich demonstriert: 4 mal wird Ficus benjamina 'Natascha' zu einer anderen Form gestaltet. Denn 4 mal hat die natürliche Besonderheit der Pflanze den Bonsai-Gärtner inspiriert.

*Hibiscus schizopetalus,
frei aufrechte Form*

*Ficus benjamina,
Kugelform*

*Ficus benjamina,
Zweierstamm*

*Ficus benjamina,
Mehrfachstamm*

Die frei aufrechte Form

Ganz sicher ist die „frei aufrechte" eine der elegantesten und daher auch beliebtesten Bonsai-Formen. Sie wächst nach oben, dem Himmel zu, aber nicht streng, sondern in leichten Schwüngen und Wellen; mit viel Grazie. Typisch für die Schwingungen ist, daß sie unten größer und ausladender und nach oben kleiner werden. Ein weiteres Merkmal dieser Form: die Außenseiten der „Kurven" tragen Äste, die Innenseiten sind frei von Zweigen und Ästen.

Um eine frei aufrechte Form zu bekommen, kann der Bonsai-Gärtner zwei Wege gehen: Der Stamm kann gedrahtet und dann gebogen oder ohne Draht – mit der Bindemethode – in die gewünschte Form gebracht werden. Auf den folgenden Seiten wird

Li Vei Xing wird seine Lieblingspflanze – den Hibiscus – zu einem Bonsai in frei aufrechter Form gestalten.

Ihnen der zweite Weg gezeigt. Suchen Sie einen Ficus benjamina 'Natascha' oder eine andere Pflanze aus. Der Stamm sollte biegsam sein und schon einen leichten Schwung haben. Dieser wird dann durch die Gestaltung verstärkt.

Ca. 2 cm vom Stamm entfernt stecken Sie einen Stab in die Erde. Stamm und Stab werden im unteren Viertel des Bäumchens locker mit Schnur zusammengebunden. Ungefähr in der Mitte des Bäumchens – oder ein wenig darüber – fassen Sie den Stamm an und drücken ihn beherzt – aber mit Gefühl – nach unten. Er weicht aus und biegt sich nach der Seite weg. Die erste Kurve ist entstanden und wird an der Haltestelle festgebunden – aber nicht zu locker,

denn die Bindung muß ja die noch ungewohnte Schwingung des Stamms festhalten. Im oberen Viertel des Bäumchens – da wo der Stamm dünner und schmiegsamer ist – wird noch einmal gebunden und gestaucht. Es soll eine kleinere Kurve entstehen, die sich s-förmig an die untere anschließt.

Denken Sie beim Biegen und Binden daran, daß sich das Bäumchen später wieder etwas streckt. Die Bögen sind daher zunächst ein wenig stärker als sie in der Endform geplant sind.

Jetzt werden Äste, Zweige und Blätter entfernt:
– von unten bis zum Ansatz des ersten Bogens;
– an den Innenseiten der Kurven;
– Zweige und Blätter, die in unmittelbarer Nähe des Stammes stehen,
– alle großen, dunkelgrünen Blätter und als letztes kürzen Sie die Triebspitzen ein, damit das Bäumchen dicht wird.

Je nachdem, wie stark die Schwingung des Stamms ausgefallen ist, haben die stehengebliebenen Äste jetzt eine deutliche Tendenz nach oben. Sie können gedrahtet und in leichten Schwüngen in die Horizontale oder nach unten gebogen werden.

Ungefähr eine halbes Jahr bleibt die Pflanze gebunden und eventuell gedrahtet, wird ganz normal gepflegt und regelmäßig ausgezupft. Dann entfernen Sie Schnur und Draht und pflanzen Ihren frei aufrechten Baum in eine sorgfältig ausgewählte Bonsai Schale.

Die Kugelform

Mit einiger Erfahrung sieht der Bonsai-Liebhaber die spätere Form seiner Bäumchen von Anfang an vor seinem „geistigen Auge". Besonders bei der Kugelform. Ziel ist es, eine klare Kontur zu schaffen: den astlosen, geraden Stamm und seinen dichten „Kugelkopf". Meistens ist es möglich, sich bei der Gestaltung an den goldenen Schnitt zu halten: 1/3 Stamm, 2/3 Kugel.

Zunächst entfernen Sie alle Äste und Zweige am unteren Drittel des Stamms. Dann wird die Triebspitze gekürzt und die Baumkrone ausgelichtet. Das heißt: kreuz und quer wachsende und zu dicht stehende Äste und Zweige werden entfernt. Dies regt das Wachstum an und sorgt dafür, daß sich die Baumkrone in der gewünschten Form verzweigt. Große, dunkle Blätter werden abgeschnitten.

Pflanzen Sie ihr Bäumchen in eine Bonsai-Schale, pflegen Sie es wie ihre anderen Indoors und schneiden Sie regelmäßig neue Triebe zurück.

Der Zweierstamm

Die Kunst der Bonsai-Gestaltung beginnt mit der Auswahl der Pflanzen. Hier ist eine gutes Beispiel dafür.
Für den Zweier- oder Zwillingsstamm brauchen Sie eine Pflanze mit zwei ungleich dicken und hohen Stämmen, welche möglichst nicht genau parallel zuein-

ander stehen. Man kann diese Situation auch herstellen, indem man zwei entsprechende Bäumchen nebeneinander pflanzt.

– Der erste Gestaltungsschritt ist auch hier, beide Stämme im jeweils unteren Drittel von Ästen und Zweigen zu befreien. Dies sorgt „automatisch" dafür, daß die untersten Äste am kleinen Stamm wachsen – ein wichtiges Gestaltungsdetail.

– Jetzt entfernen Sie bis zur Höhe des kleinen Stamms an beiden Stämmen alle Äste und Zweige, die aufeinander zuwachsen.

– Um das klassische Bild des Zweierstamms zu erreichen , das heißt die Wirkung der zwei Stämme zu unterstreichen, werden die direkt über der Spitze des „Kleinen" wachsenden Äste des „Großen" entfernt. So entsteht eine Art Durchblick.

Jetzt beginnt der Schnitt der Äste und Zweige. Ziel ist es, aus beiden Stämmen eine Pyramide zu formen.

Das heißt: die unteren Äste sind die längsten – nach oben werden sie immer kürzer. Anstelle der Pyramide können Sie die beiden Stämme natürlich auch zu einer anderen Form gestalten – einer Kugel- oder Schirmform beispielsweise. Wichtig ist nur, daß die Stämme getrennt wirken, die Baumform aber als Einheit erscheint. Wie bei fast jeder Gestaltung, werden jetzt Zweige, die unmittelbar in der Nähe der Stämme wachsen und große Blätter entfernt.
Der gestaltete Zweierstamm wird in eine Bonsai-Schale gepflanzt und wie immer nach dem Umtopfen gepflegt.

Der Mehrfachstamm

Wenn Sie eine Pflanze haben, bei der mehrere, unterschiedlich
starke Stämme aus einer Wurzel wie ein Blumenstrauß auseinander-
wachsen, gestalten Sie einen Mehrfachstamm daraus. Ganz sicher
werden Sie solche Pflanzen im Fachhandel finden. Achten Sie aber
darauf, daß sich die Stämme nicht überkreuzen und der Abstand
zwischen ihnen unterschiedlich ist.

– Beginnen Sie mit der Gestaltung, indem Sie an allen Stämmen
  im unteren Drittel Äste und Zweige entfernen.
– Knipsen Sie den größten Teil der Blätter ab – lassen Sie nur die
  ganz kleinen und hellen stehen. Dadurch erhalten Sie Einblick in
  Ihr Bäumchen und seine natürliche Form.
– Entfernen Sie Äste und Zweige, welche die „Blumenstraußform"
  stören.
– Stämme, die zu streng gerade oder in die falsche Richtung wachsen, werden gedrahtet und in die gewünschte Form gebracht.
  Bei Ficus-Arten erreichen Sie dieses Ziel auch ohne Draht –
  durch wiederholtes, geduldiges Biegen. Die gestaltete Pflanze
  erhält eine dekorative Bonsai-Schale und beginnt bald, sich zu
  entwickeln.

MINIATUR LANDSCHAFTEN

„Der Fels, das Grün, der Versenkung Gefühl… in ihrem Bann kannst Du die Worte vergessen."

(Liu Dschang-King)

Über die Besonderheiten meisterhafter Indoor-Gestaltung

Während der Tang-Dynastie, in der alle Künste zu hoher Blüte reiften, erlebte auch die Bonsai-Kultur einen ihrer Höhepunkte. Zum ersten Mal wurden ganze Landschaften auf ein Tablett gepflanzt.

Das Pflanzen und Kultivieren von Miniatur-Landschaften entwickelte sich zur phantasievollen Verbindung beobachteter Natur und architektonischer Phantasie. Die fast verspielte Gestaltung der chinesischen Bonsai-Landschaft hält sich bis heute wenig an formale Regeln und bezieht kleine, oft kunstvoll gefertigte Tonfiguren, Wasser, Häuser und Tempel ein.

Aus der chinesischen Miniatur-Landschaft entwickelte sich viel später die klassisch-strenge japanische Gruppen- und Fels-Pflanzung. Sie kann auf vielfältige Weise variiert werden, beschränkt sich aber immer auf drei Elemente: Pflanze, Stein, Erde.

Ein wunderschöner Wald aus Granatapfelbäumen.

Der kleine Wald im Haus

Für jeden Bonsai-Liebhaber und erst recht für den „alten Hasen" ist es irgendwann Zeit für einen selbst gepflanzten Indoor-Wald. Er bringt den exotischen Reiz des tropischen Regenwaldes oder die Idee einer romantischen Baumgruppe ins Haus.

Für den Wald in der Schale eignen sich besonders kleinblättrige Pflanzen wie z.B. kleinblättrige Ficus-Arten, Serissa, Carmona, Myrte oder Ulme.

Schon 2-6 jährige Pflanzen lassen sich zu einem Indoor-Wald formen – man muß also kein Vermögen ausgeben. Mindestens 5, besser 7, 9 oder noch mehr Bäumchen in unterschiedlicher Höhe und Stammstärke sollten es sein. Und vor allem: eine ungerade Zahl.

Ein wichtiger Tip: Falls Sie einen Mischwald pflanzen, wählen Sie Bäume mit gleichen oder ähnlichen Bedürfnissen. Wenn nicht, würde die Pflege des Wäldchens zu schwierig werden.

Wenn Sie Ihre Pflanzung planen und die Bonsai dafür besorgen, denken Sie an Baumgruppen in der Natur. Hier wird Ihnen deutlich, daß kein Baum dem anderen gleicht. Einer ist zum Beispiel oft der „Vater" – also deutlich größer und stärker als die anderen.
Trotz der naheliegenden Idee einer Baum-„Familie" vergessen Sie beim Pflanzen die gute alte Regel der Familienfotos, nach der die

Kleinen immer vorne stehen. Beim Indoor-Wald ist es umgekehrt. Denn wenn die Kleinen hinter den Großen plaziert sind, hat die Gruppe optisch mehr Tiefe. Interessant sind junge Farne und andere Unterpflanzungen, die das Bild auflockern und dem Waldboden draußen in der Natur entsprechen.

Schauen Sie jetzt einem Bonsai-Meister beim Pflanzen eines Wäldchens über die Schulter. Machen Sie die einzelnen Schritte mit ihm und lassen Sie IHRE Pflanzung aus 9 oleanderblättrigen Gummibäumen (Ficus neriifolia) entstehen. Sie planen Ihre Pflanzung wie den Bau eines Hauses. Wählen Sie mit Bedacht eine Schale aus. Sie soll eher schlicht und in jedem Fall flach sein.

Legen Sie sich alles bereit, was Sie zur Pflanzung brauchen: Schale, Erde, Gitter, Draht, Wurzelzange, Bonsai-Schere, Holzstäbchen, Unterpflanzungen und – speziell für das hier beschriebene Wäldchen – 9 unterschiedlich hohe und dicke Bäumchen. Informieren Sie sich noch einmal im Kapitel „Umtopfen", lassen Sie sich aber nicht durch zu viele Regeln einengen. Ihr Indoor-Wäldchen wird bestimmt gelingen.

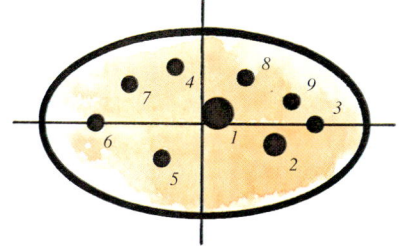

Zeichnen Sie den Umriß der ausgewählten Schale auf ein Pack- oder Zeitungspapier und übertragen Sie die nebenstehende kleine Skizze mit Ziffern (!) auf die Originalgröße Ihres geplanten Wäldchens.

Machen Sie die Schale fertig: Sie verschließen die Löcher mit Gittern und bedecken den Schalenboden ca. 1 cm mit Bonsai-Erde.

Bereiten Sie die Pflanzen vor: Austopfen, Wurzeln um ca. 1/3 zurückschneiden und überflüssige oder zu lange Äste und große Blätter entfernen.

Legen Sie die Bäumchen der Größe nach bereit. Wenn Sie es sich leicht machen möchten, numerieren Sie die Pflanzen von 1 bis 9.

Jetzt beginnen Sie die Pflanzung mit dem ersten Bäumchen. Auf der Skizze hat es die Ziffer 1. usw.

Bäumchen, die ihren Platz an der Außenseite Ihres Wäldchens haben, werden so gedreht, daß die kräftigen Äste nach außen zeigen.

Als erstes wird die fertige Pflanzung kräftig gegossen. Dann entspricht ihre Pflege der umgepflanzter Bonsai: vorsichtig wässern, eher wenig, nicht düngen. Hell, aber nicht in die pralle Sonne stellen. An der Bildung neuer Blätter und Wurzeln erkennt man, daß die Pflanzen angewachsen sind.

Jetzt kann kräftiger gegossen und auch gedüngt werden.

Nach ca. 2 Jahren wird das Wäldchen umgepflanzt – wie andere Indoors auch. Die Bäumchen haben jetzt einen gemeinsamen Wurzelballen gebildet und werden wie eine einzige Pflanze behandelt. Auch die Wurzeln werden wie üblich beschnitten.

Indoor-Wald aus einer Casuarina equisetifolia.

Aus einer Zimmerpflanze wird ein Wald

Die Natur geht phantasievolle Wege, die wir oft erst kennenlernen, wenn wir sie als Hobby-Gärtner nachvollziehen. Die Gestaltung eines Bonsai-Wäldchens – also einer Gruppe kleiner Bäume – aus einer Topfpflanze beruht auf zwei botanischen Erfahrungen. Erstens: Dünnere Stämme und Äste schlagen in der Erde Wurzeln (Prinzip des Abmoosens). Zweitens: Zweige wachsen immer nach oben, dem Licht entgegen.

Für die Gestaltung eine Wäldchens aus einer Zimmerpflanze eignet sich zum Beispiel eine Ficus benjamina 'Natascha'. So wird daraus ein Wald:

Stellen Sie die Pflanze vor sich auf und bestimmen Sie ihre „schöne" Seite, d.h. die Seite, die mit mehr und längeren Ästen ausgestattet ist. Denn diese Äste werden später nach oben wachsen.
(Im Foto: linke Seite).

Schneiden Sie alle kleinen Zweige und Blätter, die in unmittelbarer Nähe des Stamms wachsen ab.
Drahten Sie den Stamm bis zur Spitze, damit er sich biegen läßt.

Binden Sie alle Äste und Zweige, die an der „schönen" (im Foto linken) Seite wachsen oder sich mühelos zu ihr hinbiegen lassen, mit Bonsai-Draht locker zu Büscheln zusammen.
Je mehr Äste Sie „mitnehmen", desto mehr Bäume werden später in Ihrem Wäldchen stehen. Die Baumspitze wird nach links gebogen.

Schneiden Sie die auf der „dünnen" Seite stehengebliebenen Äste ab.

Prüfen Sie, ob alle nach vorn gebundenen Äste und Zweige in ihrem unteren Teil – also da, wo sie in die Erde kommen – frei von Blättern und kleinen Zweigen sind.

Auf der kahlen Seite des Stammes wird jetzt alle 3 bis 5 cm mit einem scharfen Messer ca. 2 cm Rinde entfernt. An diesen Stellen werden sich in der Erde neue Wurzeln bilden.

Jetzt wird die vorbereitete Pflanze ausgetopft. Schneiden Sie ihre Wurzeln zurück und verkleinern Sie den Erdballen so weit, daß er für die Ernährung der Pflanze gerade noch ausreicht.

Stamm und Wurzelballen werden horizontal in eine längliche Bonsai-Schale oder in einen Blumenkasten gebettet und mit 3 bis 4 cm Erde bedeckt.

Fertiger Wald nach 2 Monaten in Bonsai-Schale.

Im Wurzelballen bildet sich ein kleiner Hügel. Äste und Zweige bleiben zusammengebunden, bis sie sich an ihre neue Wuchsrichtung gewöhnt haben und von selbst aufrecht stehen. Nach 4 bis 6 Monaten kann sich Ihr kleiner Wald vermutlich bereits über seine neu gebildeten Wurzeln versorgen. Beim Umpflanzen werden Sie sehen, ob das Wurzelwerk kräftig ist. Wenn ja, kann der alte Wurzelballen abgetrennt werden. Umgepflanzt in eine passende Bonsai-Schale beginnt die übliche Indoor-Pflege: immer mäßig feucht halten, 6-8 Wochen keine pralle Sonne. Durch regelmäßiges Zurückschneiden der einzelnen Bäumchen wird der Bonsai-Wald schöner und dichter.

oben: Ficus neriifolia-Wald
unten: Cupressus pyramidalis-Wäldchen

Carmona, Farn und Klee auf einen Felsen gepflanzt.

Bougainvillea, über einen Felsen gezogen.

Felsen-Pflanzungen

Es gibt zwei Grundformen:

1. Bäume wachsen auf dem Felsen. Sie wurzeln in Erde, die in Vertiefungen des Steins eingebettet ist. Die Pflanzung steht in einer flachen Schale, die mit Sand oder Wasser gefüllt ist.
2. Pflanzungen können auch über den Felsen wachsen. Das Bäumchen sitzt fest auf dem Stein und umklammert ihn mit den Wurzeln, die nach unten in den Boden führen. Von dort holt sich der Indoor auf dem Felsen seine Nahrung. Für eine Pflanzung über dem Felsen braucht man Gewächse mit langen, kräftigen Wurzeln. Z.B. Ficus-Arten, Schefflera, Carmona und Serissa sind gut geeignet.

Die Pflanzung auf dem Felsen

Bei Pflanzungen auf dem Felsen wachsen die Bäumchen ohne Berührung zum Boden tatsächlich auf dem Fels. Suchen Sie Steine mit rauher Oberfläche, Ritzen, Mulden oder Spalten aus. Alle schön geformten Findlinge eignen sich. Sie finden sie in der Natur, können sie aber auch im Bonsai-Handel erwerben. Wenn die Vertiefung im Stein für Erde und Wurzelballen nicht ausreicht, helfen Sie ruhig ein wenig mit Hammer und Meißel nach. Die Form des Felsens bestimmt die Anordnung der Pflanzen. Befestigen Sie als erstes in der Mulde oder Ritze, die Sie bepflanzen wollen, drei Drahtschlin-

gen (Zwei-Komponenten-Kleber macht es möglich). Die Schlingen sollen ein Dreieck bilden, in das der Wurzelballen paßt. Jetzt streichen Sie die Vertiefung mit einer ungefähr 2 cm dicken Schicht aus Torf-und Lehmknete aus (50:50), setzen die Pflanze mit ihren Wurzelballen ein und befestigen Sie mit den Drähten. Wurzeln, die übrig bleiben, sollen nicht abgeschnitten, sondern außen über dem Stein verteilt und auch mit Knete verschmiert werden.

Nach der Hauptpflanzung kommt die sogenannte Unterpflanzung. Das heißt: Es werden schnell wachsende, niedrige immergrüne Kriechpflanzen angesiedelt, die verhindern, daß das Erdreich beim Gießen ausgeschwemmt wird. Bei Outdoors sind Moose die geeignete Unterpflanzung – im Haus gedeihen sie aber nicht. Für Ihre Indoors eignen sich Bubikopf (Soleirolia), Kanonierkraut-Blume (Pilea microphylla), flach wachsende Moos-Farne (Selaginella) oder Korallen-Moos (Nertera). Die Pflanzen werden mit Drahtklammern am Fels festgehalten.

Die Unterpflanzung soll immer niedrig bleiben. Schneiden Sie diese wie einen Rasen zurück, wann immer sie zu hoch geworden ist.

Stellen Sie den bepflanzten Felsen auf ein Tablett, das Sie mit Wasser oder Sand gefüllt haben. Übersprühen Sie Ihre Fels-pflanzung besonders häufig – sie trocknet schnell aus. Gießen Sie vorsichtig, damit die Erde nicht ausgespült wird. Nach etwa 8 Wochen können Sie zum ersten Mal ein wenig Flüssigdünger geben. Von Zeit zu Zeit ersetzen Sie die abgeschwemmte Erde durch neue.

Je länger Sie mit Ihrer Fels-Landschaft leben, je häufiger Sie sie betrachten, desto mehr werden Sie in ihr sehen: eine Insel, ein Gebirge, eine Felsküste ...

Die Pflanzung über dem Felsen

Ein besonders schöner Findling ist die Grundlage dieser interessanten, oft bizarren Bonsai-Landschaft. Betrachten Sie Ihren Stein ganz genau und entscheiden Sie, welche Seite nach vorne „schauen" soll. Topfen Sie die ausgewählte Pflanze aus, waschen Sie ihre Wurzeln ab und bestimmen Sie, von welcher

Seite sie am schönsten ist. Sie kommt nach vorn. Setzen Sie jetzt das Bäumchen auf den Felsen und ziehen Sie die Wurzeln über den Stein nach unten. Umwickeln Sie den Fels so mit einem weichen Folienband, daß die Wurzeln festgehalten werden. Es soll nichts mehr von ihm zu sehen sein (ein in Streifen geschnittener Plastikbeutel ist als Band gut geeignet).

Das „Einpacken" hat das Ziel, Pflanze und Wurzeln am Fels fest- und von der Erde fernzuhalten. So wird vermieden, daß sich am Fels – anstatt in der Erde – neue kleine Wurzeln bilden.

Jetzt „pflanzen" Sie den Felsen mit den überhängenden Wurzeln in eine Bonsai-Schale oder einen Blumentopf mit Bonsai-Erde. Das Gefäß soll etwa die Höhe des Steins haben. Drücken Sie die Erde gut an und wässern Sie die Pflanzung kräftig.
Nach 1/2 bis 1 Jahr – je nach Pflanze – hat sich unterhalb des Steins ein Wurzelballen gebildet. Nehmen Sie die Pflanzung vorsichtig aus der Schale, entfernen Sie das Plastikband und kleine, trockene Würzelchen vom Stein und reinigen Sie behutsam die Wurzeln über dem Felsen.

Pflanzen Sie Ihren Fels, nachdem Sie die Wurzeln etwas eingekürzt haben, in eine passende Bonsai-Schale. Fügen Sie – als I-Tüpfelchen der Gestaltung – eine Unterpflanzung hinzu. Nach 6 bis 8 Wochen – wenn neue Wurzeln entstanden sind – beginnt die übliche Indoor-Pflege.

Manchmal möchte der Bonsai-Liebhaber eine ganz bestimmte Pflanze über einen ganz bestimmten Stein wachsen lassen, obwohl die Wurzeln in der Länge dafür nicht ausreichen – d.h. die Erde nicht erreichen. Der Bonsai würde also keine Nahrung erhalten. Für diese Pflanzung muß der Indoor vorbereitet werden: Pflanzen Sie ihn mit dem Stein in einen Plastiksack, in den Sie einige Drainagelöcher schneiden. Füllen Sie den Sack mit einer Mischung aus Torf und Sand zu gleichen Teilen oder fertiger Bonsai-Erde.

Alle 8 bis 12 Wochen kürzen sie den Sack oben um ein paar Zentimeter und entfernen die überschüssige Erde. So „wachsen" Pflanze und Fels mehr und mehr aus dem Sack heraus. Ein immer größerer Teil der Wurzeln liegt frei; die unteren Wurzelteile wachsen wieder schneller weiter. Das Bäumchen ist zum Umpflanzen fertig, wenn der Pflanzsack nur noch 5 cm hoch ist und der größte Teil der Wurzeln freiliegt.

Bildschöne Indoor-Ideen für gutes Wohnklima

Der Grundgedanke ist ganz einfach: Das Klima in unseren Häusern und Wohnungen ist – besonders während der Heizperiode – trocken und ungesund. Luftbefeuchter sind häufig technische Monster, die ziemlich viel Energie kosten, nicht besonders ästhetisch und in ihrem Gesundheitswert umstritten sind. Wasserschalen haben keine Nachteile, sie sehen aber nicht gerade attraktiv aus. Das kann der Indoor-Liebhaber leicht ändern. Er „pflanzt" seine Klimaanlage – zum Beispiel als reizvolle Ergänzung des Bonsai-Fensters oder Wintergartens.

Das Wasser-Gärtchen

Wer jede Technik ablehnt und Freude an phantasievoller Gestaltung hat, wird die Anpflanzung einfacher und anspruchsvoller Gewächse in einer schlichten Schale als Luftbefeuchter wählen. Die Pflanzung wird in der Nähe oder zwischen verschiedenen Bonsai aufgestellt,

Kanonierkraut um einen Felsen gepflanzt in einem Wassertablett.

Wassergärtchen, gestaltet mit einem Stein und verschiedenen Wasserpflanzen.

bietet dem Auge Ruhe und lenkt die Aufmerksamkeit auf die Bäumchen. Sie rundet das natürliche Bild der Indoor-Sammlung im Raum harmonisch ab und gibt ihr einen besonderen Reiz.

Die Pflanzung kann ein „Gärtchen" aus verschiedenen Pflanzen und hübschen Steinen sein und ruhig ein bißchen verspielt wirken. Die Auswahl an Pflanzen, welche in diesem natürlichen Luftbefeuchter gedeihen und sich wohlfühlen, ist groß: Wassergras, Wasserfedern, Wasserlinsen und viele andere (siehe Tabelle). Wenn die Aquarien-Gewächse zu sehr in die Höhe wachsen – einfach zurückschneiden. Ihre Nahrung beziehen sie allein aus dem Wasser; daher darf es nie knapp werden. Eine Lewatit-Batterie sorgt dafür, daß es weich und „nahrhaft" ist.

Aquarien-Pflanzen

Acorus gramineus var. pusillus	Zwergkalmus
Althernantheran sessilis	Rotes Papageienblatt
Eleocharis acicularis	Nadelsimse
Gymnocoronis spilanthoides	Falscher Wasserfreund
Hydrocotyle verticillata cv. cardamine	Kleinblättrige Hutpilzpflanze
Ludwigia glandulosa	Schmalblättrige Ludwigie
Ludwigia mullertii	Breitblättrige Ludwigie
Lysimachia nummularia	Grünes Pfennigkraut
Lysimachia nummularia aurea	Gelbes Pfennigkraut
Marsilea drummondii	Kleefarn
Micranthemum umbrosum	Großblättriges Perlenkraut
Myriophyllum brasiliensis	Brasilianisches Tausendblatt

Die Saikei-Quelle

Diese interessante und wunderschöne Art, das Wohnklima zu verbessern ist etwas aufwendiger als das Wasser-Gärtchen, aber es lohnt sich! Die Saikei-Quelle besteht aus einem bepflanzten Felsen, aus dem die Quelle entspringt.

– Suchen Sie einen schön geformten Stein und wählen Sie eine Schale mit mindestens doppelt so großer Grundfläche und ca. 5 cm Tiefe aus.
– Bohren Sie ein Loch in den Boden des Steins. Es soll so groß sein, daß Sie eine kleine Elektropumpe darin unterbringen können. Für die Rena-Pumpe brauchen Sie ca. 9 cm Durchmesser und 5 cm Tiefe.
– Von der Aushöhlung bis zu der Stelle im Stein, an der die Quelle „entspringen" soll, wird ein Verbindungsgang gebohrt. Durch diesen „Kanal" soll der Wasserschlauch laufen. Sein Durchmesser ist meist 1,5 bis 2 cm.
– Bringen Sie jetzt die Technik Ihrer Saikei-Quelle an. Erstens: Die Elektropumpe, die energiesparend, TÜV-geprüft und wartungsfrei sein soll. Gut geeignet ist die Rena-Pumpe. Zweitens: Einen Schlauch mit Schmutzfilter, der von unten nach oben zur „Quelle" geführt wird.
– Stellen Sie den Fels – wie bei allen Bonsai-Pflanzungen asymmetrisch – in die Wasserschale und legen Sie jetzt die Pflanzung nach der Beschreibung im Kapitel „Felsenpflanzungen" an. Füllen Sie auch kleine Vertiefungen im Stein mit Unter- und Nebenpflanzen auf – sie wirken mit dem Spiel des Wassers besonders schön. Geeignet sind dafür auch Wasserpflanzen, wie sie in der Tabelle auf Seite 72 genannt werden. Diese können zusätzlich im Wasser um den Stein herumwachsen. Das macht die Saikei-Quelle noch reizvoller.

In eine Ausbuchtung des Steins oder an eine andere unsichtbare Stelle unter Wasser geben Sie eine Lewatit-Batterie. Sie sorgt für die Entkalkung und den Nährwert des Wassers und muß nur zweimal im Jahr ersetzt werden.
Wenn alles installiert und in Betrieb ist, läuft das hochgepumpte Wasser in einem reizvollen Spiel über die Klippen des Felsens, ernährt dabei die Pflanzung, befeuchtet die Luft und erfreut das Auge.

Wenn sie immer Wasser hat und alle 6 Monate eine frische Nähr-stoffbatterie bekommt, wird Ihre Saikei-Quelle problemlos wachsen und gedeihen.

Zubehör sowie fix und fertige Saikei-Quellen gibt es übrigens im Bonsai-Centrum München.

Noch ein letzter Tip: der Schaumstoff-Filter soll regelmäßig aus-gewaschen werden.

VON ANFANG AN ...

„...und plötzlich fühl' ich den Wunsch, ein Baum zu sein"

(Maeda Yugure)

Zimmer-Bonsai selbst ziehen – ein Hobby
für Geduldige und Naturverbundene

Pflanzen entstehen und sich entwickeln zu sehen, gehört zu den
schönsten und beglückendsten Hobbys. Immer mehr Bonsai-Gärtner, die das Pflegen, Versorgen und Gestalten ihrer kleinen Bäume
über Jahre geübt und erlebt haben, möchten irgendwann ihre Bäumchen von „klein auf" selbst heranziehen. Was Sie brauchen, ist
Geduld – ganz gleich, welchen der möglichen Wege zum Ziel Sie
wählen.

Indoors aus Samen

*Ficus benjamina, aus Samen gezogen und
ca. 15 Jahre alt.*

Stellen Sie sich vor, Sie schauen in einen Ihrer reizvoll gewachsenen Indoors hinein und erinnern sich dabei an die vielen Ent-
wicklungsschritte, die Sie mit dem Bäumchen erlebt haben, seit die
ersten grünen Spitzen aus der Erde schauten. Dies ist für den Hobby-Gärtner wirklich eine Krönung seines Schaffens.
Die Japaner nennen die mehrere Jahre dauernde Entstehung eines
Bonsai aus dem Sämling „misho" und haben uns ihre Erfahrungen
überliefert.

Samen für die Indoor-Aufzucht gibt es bei uns in reicher Vielfalt;
man kann aber auch in südlichen Urlaubsländern sammeln.
In unseren Breiten entnimmt man sie den Südfrüchten, die das
ganze Jahr angeboten werden (Zitronen, Avocados, Granatäpfel,
Pistazien) oder kauft sie ganz einfach im Samen-Fachhandel.

Lassen Sie sich beim Einkauf der Samen nicht von der Aufschrift
„Bonsai-Samen" auf den Tütchen irritieren. Sie besagt lediglich,
daß sich die Pflanze besonders gut zur Bonsai-Gestaltung eignet.
Viele unserer schönen und beliebten Zimmerpflanzen können aus
Samen gezogen und zu Bonsai gestaltet werden.

Samen von Zierpflanzen bzw. deren Früchte, die sich zur Indoor-Gestaltung eignen:

Name der Frucht	Name der Pflanze
Carambola	Averrhoa carambola
Cherimoya	Annona cherimola
Citrus	Citrus limon
	Citrus aurantifolia
	Citrus sinensis
Durian	Durio zibethinus
Guajana	Annona muricada
Granatapfel	Punica granatum
Guave	Psidium guajava
Johannisbrot	Ceratonia siliqua
Pitanga	Eugenia uniflora
Loquat	Eriobotrya japonica
Litchi	Litchi chinensis
Manna	Cassia fistula
Pistazie	Pistacia
Rambutan	Nephelium lappaceum
Sapodilla	Achras zapota
Tamarillo	Cyphomandra betacea

Je frischer die Samen, desto sicherer keimen sie. Manche Sorten müssen vorquellen. Man legt sie in ein Gefäß mit Wasser (hartschalige Samen werden mit einer Feile angeritzt) und läßt sie 24 Stunden stehen. Keimfähige Samen saugen sich voll und sinken auf den Boden des Gefäßes; taube bleiben an der Wasseroberfläche. Die keimfähigen Samen werden feucht ausgesät. Sie dürfen nach dem Wasserbad nicht mehr trocken werden. Ausgesät wird in einer 8-10 cm hohen Saatschale. Auch Bonsai-Schalen sind gut geeignet. Wichtig ist, daß Drainagelöcher vorhanden sind und mit einem Netz abgedeckt werden, damit die Erde nicht ausrieselt. Für die Aussaat einzelner Samenkörner eignen sich kleine Blumentöpfe.

Zum Keimen der Samen verwenden Sie am besten „arme" Erde und keinen oder ganz wenig Dünger. Die Keimlinge sind nämlich mit einem Nährstoffgewebe umschlossen und „füttern" sich selbst. Gut geeignet ist ein relativ feines Torf-Sand-Gemisch, Pikier-Erde oder TKS-1. Alles erhalten Sie im Handel. Natürlich können Sie auch selbst mischen: ein Teil Torf, ein Teil Sand. Wichtig ist, daß die Erde frei von Krankheitskeimen ist. Also verwenden Sie niemals „gebrauchten" Boden.

Für die Aussaat geben Sie Erde bis zu 3 cm unter den Schalenrand und streichen sie glatt. Legen Sie grobes Saatgut einfach auf die Erdoberfläche und streuen Sie feines gleichmäßig aus. Große Samen werden leicht angedrückt, kleine mit gesiebter Erde dünn bedeckt. Die Schicht soll nicht dicker als der Samen sein.

Wenn Sie schon von Anfang an vorbeugend etwas tun möchten, damit die jungen Pflänzchen später nicht umfallen, gießen Sie mit einer Chinosol-Lösung (1 Tablette auf 1 l Wasser).
Halten Sie Ihre Aussaat gleichmäßig feucht und von direkter Sonne fern. Die richtige Keimtemperatur liegt zwischen 18 und 22° C. Sprühen oder tauchen ist die beste Methode, die Aussaat feucht zu halten. Beim Gießen könnte sie „ins Schwimmen" geraten. Zum Tauchen stellen Sie die Schale für 5 Minuten bis zu dreiviertel ihrer Höhe in zimmerwarmes Wasser. Die Erde saugt sich von unten – durch die Drainage-Löcher – voll. Wenn Sie die Pflanzschale mit einer durchsichtigen Folie (Plastiktüte) abdecken, trocknet die Erde weniger schnell aus. Die Temperatur um den Keimling bleibt gleichmäßig und der Keimvorgang wird beschleunigt.

3 und 4 Monate alte Tamarinden-Sämlinge

Sobald sich die ersten 4-5 Blättchen zeigen, werden die jungen Pflänzchen pikiert oder in einzelne Töpfe gesetzt. Frühestens einen Monat danach wird zum ersten Mal gedüngt. Nehmen Sie höchstens die Hälfte der vorgeschriebenen Menge – am besten organischen Flüssigdünger.

Wenn Ihr Jungpflänzchen 8-12 cm groß ist, können Sie damit beginnen, sein Wachstum zu beeinflussen. Schneiden Sie die Spitze der Haupttriebe ab, damit sich der Sämling verzweigt.
Sind Ihre Pflanzen 15-20 cm groß und leicht verholzt, kann die Bonsai-Gestaltung beginnen. Natürlich wählen Sie dafür die schönsten Gewächse aus.

Zimmer-Bonsai aus Stecklingen

Hobby-Gärtner wissen natürlich, was ein Steckling ist: Ein Trieb oder Ästchen, das von der Mutterpflanze abgeschnitten und zur Bewurzelung in ein Wasserglas gegeben oder gleich in die Erde „gesteckt" wird. Die Mutterpflanze kann eine Topfpflanze, ein tropisches oder subtropisches Gewächs oder auch ein Indoor sein. Die Bonsai-Erziehung aus Stecklingen erfordert nicht ganz so viel Geduld wie die aus Samen. Die beste Zeit dafür ist die Wachstums-

periode – also der Frühling. Aber auch in jeder anderen Jahreszeit können Sie beginnen. Wichtig ist, daß die ausgewählten Triebe oder Zweige den richtigen Reifegrad, das heißt eine Länge von 5 bis 15 cm oder 4 bis 6 Blätter bzw. Blattpaare haben. Sie sollen außerdem unten schon leicht verholzt – also nicht mehr ganz weich sein. Wichtig ist, daß die jungen Zweige fachgerecht mit einem scharfen Messer oder einer Bonsai-Schere direkt unter einem Blattknoten abgeschnitten und von unten 2-3 cm von Blättern befreit werden, damit in der Erde keine Fäulnis entsteht. Ist die Triebspitze noch weich, wird sie gekürzt.

Die Stecklinge vieler Zimmerpflanzen – z.B. die der Sageretie – werden in ein Wasserglas gestellt, bis sie genügend Wurzeln haben. Glasklare Gefäße bieten den Vorteil, daß man die Bewurzelung beobachten kann. Nehmen Sie aber keine enghalsigen Flaschen, damit Sie die Wurzeln beim Herausnehmen nicht verletzten. Geeignet sind Gurkengläser oder Wassergläser. Stellen Sie die Gläser auf ein Fensterbrett bei 18 bis 24° C.

Stecklinge vieler tropischer und subtropischer Pflanzen „steckt" man sofort nach dem Schneiden. Die Betonung liegt auf sofort, denn die Schnittstellen dürfen nicht austrocknen. Ausnahmen bilden alle Sukkulenten (z.B. Jadebaum) – hier müssen die Schnittstellen vor dem Stecken erst antrocknen. Sie bleiben ca. 14 Tage liegen. Dann werden sie in trockene Erde gesteckt und erst gewässert, nachdem sich die ersten feinen, weißen Wurzeln gebildet haben.

Noch ein Insider-Hinweis: Um das Wurzelwachstum von Ästchen oder Trieben vor dem Stecken anzuregen, können Stecklinge nach dem Schnitt in Wachstumshormon – z.B. Wurzelfix oder Seradix – getaucht werden.

Als Pflanzgefäße für Ihre Zöglinge eignen sich Blumentöpfe, Saat-schalen, Bonsai-Schalen oder Holzkästen mit Drainagelöchern. Diese werden mit einem Netz abgedeckt. Füllen Sie die Schale bis knapp unter den Rand mit einem Torf-Sand-Gemisch zu gleichen Teilen. Drücken Sie die Erde mit einem Holzbrettchen an, bevor Sie die Steckling 1 bis 2 cm tief einstecken. Achten Sie auf einen genü-genden Abstand zwischen den Pflänzchen – Sie sollten sich gerade berühren. Nach dem Einpflanzen werden sie kräftig angegossen und erhalten als Verdunstungsschutz ein „Dach" aus Plastikfolie oder ein übergestülptes Gurkenglas. Stellen Sie das kleine Treibhaus für drei Monate an einen hellen – aber nicht zu sonnigen – Platz. 20 bis 24° C sind ideal. Neue Blätter sind das Zeichen, daß sich auch neue Wurzeln gebildet haben. Jetzt kann das „Treibhaus" entfernt werden.

Nach 2 bis 3 Monaten können Sie an einem Steckling vorsichtig prüfen, ob sich schon ein kleiner Wurzelballen gebildet hat. Wenn ja, werden die Pflanzen in kleine Blumentöpfe umgepflanzt.

3 Monate alte bewurzelte Stecklinge wurden in Plastiktöpfe gepflanzt.

Indoors durch Abmoosen

Dies ist eine Möglichkeit, relativ schnell „alte" Bonsai zu bekom-men. Sie besteht darin, besonders schön geformte „bonsaiverdäch-tige" Äste einer Zimmerpflanze oder eines Indoors zu einer eigen-ständigen Pflanze zu machen. Es ist in jeder Jahreszeit möglich – besonders empfehlenswert aber ist der Frühling.

Je dünner der Ast, desto schneller der Erfolg beim Abmoosen.

Das Abmoosen kann auf verschiedene Art geschehen:

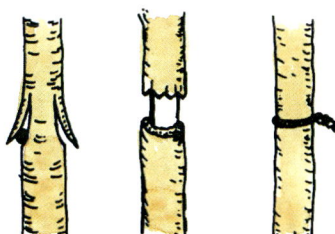

1. Der Ast wird von zwei Seiten eingeschnitten (ca. 2 cm sollen diese sog. Zungenschnitte sein). Die Stellen werden mit Wurzel-fix dünn eingepudert und durch ein eingeklemmtes Steinchen oder Torfstück offengehalten.

2. Ein 1 bis 2 cm breites Rinden-Band wird entfernt.

3. Ein Draht wird direkt über der Stelle befestigt, an der sich die Wurzeln bilden sollen. Man zieht den Draht so fest an, daß er in die Rinde einschneidet. An dieser Stelle entsteht ein Wachstums-stau; die Wurzelbildung wird angeregt.

Ein ca. 1-2 cm breiter Rindenstreifen wird entfernt, genau an der Stelle, an der die neuen Wurzeln gewünscht werden. Umhüllen Sie die behandelten Stellen mit feuchtem Torf oder Sphagnummoos. Am besten, indem Sie darunter eine Plastikmanschette befestigen, diese mit der feuchten Masse füllen und dann auch oben zubinden. Durchsichtige Folie ermöglicht es, die Wurzelbildung zu beobachten. Sie dauert einige Wochen. Während dieser Zeit müssen Moos oder Torf immer feucht sein. Wenn nötig, gießen Sie ein bißchen von oben in die Manschette nach.

Schon während der Abmoosphase, also wenn das neue Bäumchen noch Teil der Mutterpflanze ist, können Sie bereits mit seiner Gestaltung beginnen. Nach 6-12 Wochen – je nach Pflanzenart – haben sich meist so viele Wurzelansätze gebildet, daß das neue Bäumchen lebensfähig ist. Trennen Sie jetzt den Ast unter dem neuen Wurzelballen ab und pflanzen Sie das bewurzelte Bäumchen in einen Topf (Moos oder Torf nicht entfernen) oder gleich in eine passende Bonsai-Schale. Pflegen Sie Ihren neuen Indoor wie eine umgetopfte Pflanze.

Pflanzen sammeln

Seit Jahrhunderten sammeln Bonsai-Liebhaber Gewächse, die durch Klima und Umwelteinflüsse im Wachstum klein geblieben sind, und pflanzen sie in Schalen. Bevorzugt werden Pflanzen, die von Natur aus kleine Blätter und Früchte und einen kompakten Wuchs haben. Oft kann man noch nach vielen Jahren in wertvollen und ehrwürdigen Bonsai die Wildlinge erkennen, die sie einmal waren. Wind und Wetter haben die Bäumchen für immer unnachahmlich geprägt.

Aber nicht nur Gewächse mit „Lebenserfahrung", sondern auch junge Pflanzen können gesammelt und zu Bonsai erzogen werden. Subtropische Gewächse, die sich für die Indoor-Gestaltung eignen,

finden Bonsai-Freunde zum Beispiel in den klassischen Urlaubsländern am Mittelmeer. Für tropische Bäumchen, die meist aus den
Regenwäldern stammen, muß man weiter verreisen.
Fortgeschrittene Indoor-Liebhaber fahren mit einer etwas seltsamen
Ausstattung in die Ferien: Sie haben einen Klappspaten, eine
Bonsai-Schere und ein kleines Brecheisen (für ihre Ausgrabungen
in felsigem Gelände) dabei. Außerdem führen sie eine Wasser-
flasche und ein Sprühgerät mit, damit sie die ausgegrabenen Pflan-
zen feucht halten können. Plastiktüten und Zeitungen (die als Moos-
Ersatz naß gemacht werden) gehören ins Expeditionsgepäck.

Die beste Zeit für das Ausgraben von Pflanzen sind Frühjahr und
Herbst. Aber mit besonders guter Pflege entwickeln sich auch die
Findlinge aus den Sommerferien zu schönen Bonsai fürs Haus.

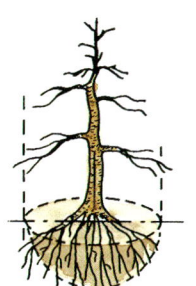

Natürlich wird der Sammler-Spaziergang am letzten Urlaubstag
stattfinden, um die Durststrecke für die Pflanzen nicht unnötig zu
verlängern. Haben Sie eine geeignete Pflanze entdeckt – schneiden
Sie ungefähr 1/3 der Blätter und alle überflüssigen Äste ab, um die
Verdunstungsflächen zu reduzieren. Ganz wichtig für das Leben der
Pflanze ist es, daß Sie ihr genügend Wurzelwerk und Muttererde
erhalten. Vor allem die fein verzweigten Faserwurzeln sind für die
Ernährung wichtig. Um die richtige Größe des Erdballens abzu-
schätzen, ziehen Sie einen Kreis um die Pflanze, der ungefähr den
Durchmesser der Krone oder Verzweigung hat. Entlang dieser Linie
stechen Sie das Erdreich ab. Je tiefer, desto besser. Lösen Sie das

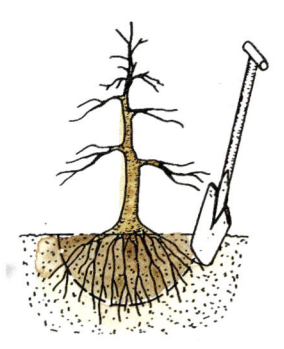

Gewächs vorsichtig aus dem Mutterboden, damit der Erdballen
möglichst unversehrt bleibt, und stellen Sie es auf einen aufge-
schnittenen und ausgebreiteten Plastiksack, auf dem Sie bereits
feuchtes Moos oder nasses Zeitungspapier ausgebreitet haben.
Umhüllen Sie den Wurzelballen und verschnüren Sie ihn. Beim
Transport – am besten in einem Rucksack – kommt es darauf an,
die Pflanze möglichst wenig zu schütteln und zu bewegen, sie vor
Wind und heißer Sonne zu schützen und ihre Blätter ab und zu
einzusprühen. Bei der Ankunft zu Hause pflanzt man die Findlinge
sofort in einen gewöhnlichen Blumentopf. Der freie Raum wird mit
Torf und abgefallener Muttererde aufgefüllt. Für einige Wochen

schützt man die Pflanze vor starker Sonne und sprüht sie mehrmals
täglich etwas ein. Nach 6 bis 12 Wochen hat sie sich an ihre neue
Umgebung gewöhnt und kann etwas gedüngt werden. Nun wird das
Bäumchen auch allmählich reif für einen ersten Schritt der Bonsai-
Gestaltung: Es wird in eine Bonsai-Schale umgepflanzt und erhält
einen Wurzelschnitt (siehe Kapitel „Umpflanzen und Wurzelschnitt").

Für Bonsai-Gärtner und Naturliebhaber ist es selbstverständlich, daß sie niemals wahllos Pflanzen „hamstern", sondern sorgfältig prüfen, ob das natürliche Umfeld die entstandene Lücke leicht wieder schließen kann und ob die Überlebenschancen der Pflanze zuhause wirklich gut sind. Achten Sie auch darauf, daß es inzwischen geschützte Pflanzen gibt, die überhaupt nicht gesammelt werden dürfen.

Natürlich möchten auch viele Bonsai-Freunde ihre Bäumchen ohne allzu viel Vorbereitungszeit selbst formen und gestalten. Sie erwerben im Bonsai-Fachhandel Indoor-Jungpflanzen, die von Bonsai-Gärtnern ausgewählt wurden, und die ersten Gestaltungsschritte bereits hinter sich haben.
Junge Pflanzen verzweigen sich – je nach Art – in ein bis zwei Jahren so, daß eine Bonsai-Gestaltung beginnen kann. Als erstes wird meist die Triebspitze gekürzt. Dadurch verzweigt sich das Bäumchen und wird dicht. An den neu entstandenen Zweigen werden die jungen Triebe ebenfalls entfernt. Wenn die Pflanze schön dicht und buschig geworden ist, beginnt die zweite Stufe der Bonsai-Gestaltung (siehe Kapital: „Formen und Gestalten").

150-jährige Ulme, vor 40 Jahren in den Bergen Taiwans gefunden und in eine Schale gepflanzt.

MINIS

„Die Großen sind nicht die Weisesten…"

(Chinesischer Spruch)

Die Kleinsten der Kleinen sind groß im Kommen

Wie so vieles in der hohen Kunst der Bonsai-Gestaltung, kommen auch die Mini-Indoors aus Japan. Zugegeben: Wer nie einen richtigen Wald „in der Hand" hatte, kann den Charme der Minis schwer nachvollziehen.

Die Winzlinge – vielfältig in ihrer Form, gepflanzt in ganz verschiedene Schalen, oft als dekorative Sammlung auf einem Tablett angeordnet – sind weit mehr als eine verspielte Dekoration.

Eine Mini-Carmona und Sageretia auf einem Tablett, das mit Sand gefüllt ist.

Azalea als Mini gezogen; in einer interessanten, selbstgetöpferten Schale.

Miniatur-Indoors sind 8-15 cm hoch (manchmal sogar noch kleiner), haben die Gestalt ausgewachsener Bäume und leben in Schalen, die oft nicht größer als ein Eierbecher sind. Um sie – nach dem Vorbild der „Großen" – zu formen, braucht der Bonsai-Liebhaber mehrere Jahre und viel Geschick. Die Prinzipien der Gestaltung und Pflege sind die aller Indoors. 3-5 cm große Sämlinge, bewurzelte Stecklinge oder in der Natur gefundene Zwergformen können der Anfang sein. Manche dieser Pflänzchen zeigen ja schon interessante Formen, die der Bonsai-Liebhaber mit geübtem Auge erkennt. Je kleinblättriger die Pflanze, desto geeigneter ist sie für eine harmonische Proportion des späteren Mini-Bonsai. Bis aus einem Ableger ein „Mini" wird, vergehen mindestens 3, meistens 4 bis 5 Jahre. Erste Anzeichen der späteren Form sind aber schon nach ungefähr 2 Jahren zu erkennen. Bei der Gestaltung folgt der Bonsai-Gärtner seinem Gefühl für die natürliche Form der Pflanze. Von ihr läßt er sich vom ersten Schnitt an leiten. Damit Bäumchen und Blätter klein bleiben, werden von Anfang an und immer wieder große Blätter und alle neuen Triebe – bis auf ein Blattpaar bzw. Blatt – entfernt. Allmählich entwickelt das Pflänzchen seine individuelle Form.

Bereits gestaltete Miniatur-Indoors werden heute von guten Bonsai-Centren angeboten und können Schritt für Schritt zur Vollendung einer faszinierenden Form en miniature gebracht werden. Ihre Pflege erfordert viel Liebe, denn als Nährboden steht dem Pflänzchen ja oft nur ein Eßlöffel Erde zur Verfügung. Entsprechend häufig und sorgsam muß gewässert, gedüngt und umgetopft werden.

Blühende Mini-Sageretie, 8 cm hoch.

Um die Pflanze zu wässern, eignet sich tauchen besser als gießen – mindestens einmal täglich. Um das Austrocknen zu verzögern, stellt man Mini-Indoors auf ein Tablett mit feuchtem Sand.

Ein Ficus neriifolia wird so lange ins Wasser gehalten, bis keine Luftblasen mehr aufsteigen.

Beim Düngen (einmal pro Woche) ist ebenfalls Feingefühl erforderlich. Halbieren Sie die angegebene Konzentration und geben Sie den Dünger ins Tauchwasser. Vor dem Düngen soll die Erde leicht feucht sein. Bei extrem kleinen Schalen ist es am einfachsten, von unten durch das Drainageloch mit einer Injektionsspritze zu düngen. Natürlich auch in die feuchte Erde.

Entsprechend der kleinen Erdmenge, die sich rasch „verbraucht", werden Minis häufig umgetopft, ungefähr einmal im Jahr. Schneiden Sie bei dieser Gelegenheit die Wurzeln um 1/3 zurück und düngen Sie 4-6 Wochen nach dem Umpflanzen nicht – die neue Erde ist nahrhaft genug.

DIE SCHÖNSTEN INDOORS
AUS DER GANZEN WELT

Heimat, Standort, Pflege und Gestaltung

 braucht
unbedingt
viel Licht

 braucht
reichlich
Wasser

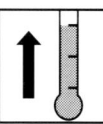 will
im Winter
warm stehen

 gedeiht auch
mit weniger
Licht

 braucht
weniger
Wasser

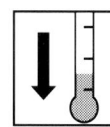 soll
im Winter
kühl stehen

Adenium obesum
Wüstenrose
Familie: Apocynaceae
Hundsgiftgewächse
Trockene Tropen

Adenium obesum

Wüstenrose

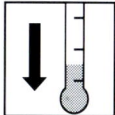

Die Wüstenrose ist ein ca. 2-3 m hoher, sukkulentenartiger, sparsam verzweigter Strauch, der in den Trockengebieten Ostafrikas zu Hause ist. Er hat fleischige Blätter, die direkt ohne Stiele an den Zweigen wachsen und schöne, ca 5 cm lange, auffallend ellipsenförmige, rosarote Blüten.

Nach dem Blühen entwickeln sich ca. 20 cm lange, doppelte Samenkapseln, an deren Pollen silberglänzende Haarbüschel sitzen, die als Flugorgane dienen.

Als Bonsai gestaltet ist die Wüstenrose relativ anspruchslos, hat jedoch wegen ihrer sukkulenten Wuchsform eher das Aussehen eines Miniaturstrauches.

Standort: Ganzjährig im Wohnbereich, jedoch viel Licht und frische Luft; offenes Fenster im Sommer. In den warmen Sommermonaten bevorzugt sie einen sonnigen bis halbschattigen Platz im Freien. Im Winter macht sie gern eine Wachstumspause und sollte dann hell bei ca. 12-16° C stehen.

Gießen: In der Wachstumszeit und während der Blüte sollte sie öfters gegossen werden. Im Winter gilt: je kühler der Standort, desto weniger Wasser.

Düngen: Mai-September alle 4 Wochen mit flüssigem Bonsai-Dünger. Im Winter nicht düngen.

Umtopfen: Alle 2 Jahre, am besten gleich nach der Ruhezeit mit Wurzelschnitt.

Erde: Indoor-Erde oder Lehm, Torf, Sand 2:2:1

Schneiden: Dicke Äste am besten im Frühjahr nach der Ruhepause. Die neuen Triebe schneidet man immer wieder zurück, wenn sie die Länge erreicht haben, die gewünscht wird. Beachten Sie bitte, daß der Saft, der nach dem Schneiden aus der Schnittstelle austritt, nicht in offene Wunden gelangt.

Drahten: Das Drahten der Äste ist nur möglich, solange sie noch elastisch sind. Sehr locker drahten, da die Rinde sonst verletzt wird.

Vermehrung: Durch 5-10 cm lange Kopfstecklinge. Nach dem Abscheiden ca. 3-4 Tage liegen lassen, damit die Stecklinge antrocknen können. Dann in ein Sand-Torf-Gemisch 1:1 stecken. Erde leicht feucht halten.

Bougainvillea glabra
Drillingsblume
Familie : Nyctaginaceae
Wunderblumengewächse
Tropen

Bougainvillea glabra
Drillingsblume

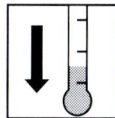

Die Bougainvilleen stammen aus dem tropischen Brasilien und sind eigentlich Kletterpflanzen, deren Triebe 4-6 Meter lang werden. Es gibt sie inzwischen in vielen Sorten und Farben. Für uns Europäer bringen diese lila-rot blühenden Pflanzen ein südliches Flair von Wärme und Sonne. Sie sind als Topf- und Kübelpflanze im Handel erhältlich.

Die Bougainvillea glabra hat glänzend-grüne, leicht behaarte Blätter. Die Hauptblütezeit ist von Mai bis Juli. Die eigentlichen Blüten sind unscheinbar, umso auffälliger sind die Hochblätter, die aussehen wie drei aneinander gefügte Dreiecke. Deshalb nennt man sie wohl auch Drillingsblume. Die Chinesen nennen sie „dornige Azaleen", da ein Teil der älteren Triebe zu Dornen ausgebildet werden. Zum Bonsai läßt sich die Bougainvillea relativ leicht gestalten, da die jungen Äste sehr biegsam sind, und die Pflanze robust ist. Um sie zum Blühen zu bringen, sollten Sie die Möglichkeit haben, diesen Bonsai im Sommer im Freien aufzustellen.

Standort: Im Sommer muß die Drillingsblume an einem warmen, sonnigen Platz im Freien stehen, im Winter bei ca. 6-12° C hell und luftig. Sie verliert dabei fast alle Blätter. Diese Winterruhe ist notwendig, damit sie Blüten ansetzen kann.

Gießen: Im Winter sehr wenig gießen, jedoch nicht vertrocknen lassen. Ab März geben Sie wieder mehr Wasser. Mitte Mai, wenn Ihr Baum im Freien steht und Blüten angesetzt hat, benötigt er sehr viel Wasser. Sofern es sommerlich warm ist, täglich tauchen, bis keine Luftblasen mehr an die Wasseroberfläche kommen.

Düngen: Von Mai bis Ende August wöchentlich mit Bonsai-Flüssigdünger, auch während der Blüte. Niemals im Winter während der Ruhepause düngen. Auch im Frühjahr erst wieder düngen, wenn die ersten Blüten sichtbar werden.

Umtopfen: Alle 2 Jahre mit Wurzelschnitt im Oktober oder vor dem Neuaustrieb.

Erde: Indoor-Erde oder Lehm, Torf, Sand, 2:2:1

Schneiden: Nach der Blüte stark in das alte Holz zurückschneiden (August-Oktober). Wenn 6-8 Blätter gewachsen sind, Neuaustriebe bis Mitte Mai immer wieder auf 2-3 Blätter zurückschneiden.

Drahten: Am leichtesten lassen sich halbverholzte Äste drahten. Stark verholzte oder dicke Äste lassen sich fast nicht mehr biegen.

Vermehrung: Am besten durch Stecklinge in einer Torf-Sand-Mischung (Mai-August) oder durch Abmoosen ab Februar.

Buxus harlandii
Buchsbaum
Familie: Buxaceae
Buchsbaumgewächs
Subtropen

Buxus harlandii
Buchsbaum

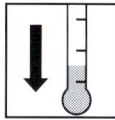

Schon bei den Römern wurde der Buchsbaum bei der Gartengestaltung verwendet und zu Einfassungshecken zurechtgeschnitten. In den Barock- und Spät-Renaissancegärten wurde er meist in regelmäßige geometrische Formen getrimmt.

Die Blüten erscheinen im April-Mai, sind gelblich grün und duften aromatisch. Die Früchte sind ovale bis rundliche Kapseln. Blätter und Wurzelrinde enthalten den Wirkstoff Buxin, der im Mittelalter gegen Zahnschmerzen und gegen Würmer eingesetzt wurde. Der Buchsbaum wird je nach Sorte 1-3 m hoch und wächst sehr langsam. Er liebt keinen sauren Boden, haßt Staunässe und gedeiht in voller Sonne sowie an schattigen Plätzen ebenso gut. Hierbei handelt es sich meist um Buxus sempervirens. Inzwischen gibt es über vierzig Sorten im Handel. Für die Bonsaigestaltung eignet sich der Buxus harlandii sehr gut, da er sehr kleine Blättchen hat, eine sehr schöne beige rillige Rinde und im Wohnbereich etwas wärmere Temperaturen verträgt. In Taiwan sind wunderschöne und uralte Buchsbaum-Bonsai zu finden, die aus Gartenpflanzen gestaltet oder auch in der Natur gesammelt wurden.

Standort: Im Winter am besten bei 3-10° C, also kühl überwintern. Sind keine kühle Räume vorhanden, ist die Überwinterung auch bei 18-30° C möglich. Er darf jedoch nicht über der Heizung stehen. Für viel frische Luft sorgen! Im Frühjahr nach der Frostperiode unbedingt den Sommer über im Freien an einem sonnigen bis halbschattigen Standort aufstellen.

Gießen: Im Winter mäßig gießen. Im Sommer immer leicht antrocknen lassen, vor erneutem Gießen, Staunässe vermeiden.

Düngen: In der Ruhezeit, also im Winter, nicht düngen. Ab Frühjahr bis September alle 3 Wochen mit Bonsai-Flüssigdünger 1x während der Wachstumszeit (Mai) mit organischem Pulverdünger.

Umtopfen: alle 2 Jahre mit Wurzelschnitt im Januar-Februar oder Oktober-November.

Erde: Indoor-Erde oder Lehm, Torf, Sand 2:1:2.

Schneiden: Die Äste können das ganze Jahr über geschnitten werden. Neuaustriebe immer wieder auf 2-3 Blattpaare zurückschneiden, wenn sich ca. 6 entwickelt haben.

Drahten: Das ganze Jahr über möglich. Nachdem die Grundform durch Drahten erreicht wurde, können die einzelnen Äste zu Polstern ausgebildet werden. Das erreicht man durch häufiges Zurückschneiden.

Vermehrung: Ausgereifte Stecklinge im Spätsommer in Torf-Sand-Gemisch.

Calliandra haematocephala
Puderquasten-Strauch
Familie: Leguminosae
Hülsenfrüchte
Tropen-Subtropen

Calliandra haematocephala
Puderquasten-Strauch

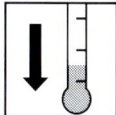

Die über 120 Calliandra-Arten sind meist im tropischen und subtropischen Amerika zu finden. Man kann sie jedoch auch in Asien und Indien entdecken. Es sind kleine, immergrüne Sträucher mit wunderschönen, duftig-grünen, doppelt gefiederten Blättern, die sich gegen Abend und bei Trockenheit schließen. Sie haben rosa bis rote, puderquastenartige Blüten. Ihre Blütenknospen, die sich von Mai bis August bilden, sehen wie Himbeeren aus und wachsen aus den Blattachseln. Daraus entwickeln sich lederartige Hülsenfrüchte, die zur Reife aufplatzen und sich zusammenrollen. Der Stamm ist bei jungen Pflanzen hellgrau, im Alter wird er dunkelgrau bis fast schwarz. Als Bonsai gezogen, bringt der Puderquasten-Strauch einen Hauch von Frische und Exotik in Ihr Heim.

Standort: Ganzjährig in der Wohnung möglich, dann jedoch sehr hell und luftig. Ab Ende Mai am besten ins Freie an einen leicht schattigen Platz stellen. Im Winter nicht über die Heizung stellen, sondern an einen hellen, kühleren Platz bei 15-18° C.

Gießen: Erde gleichmäßig feucht halten. Im Winter bei kühlerem Standort weniger gießen.

Düngen: Während der Hauptwachstumszeit von April-September alle 14 Tage mit flüssigem Bonsai-Dünger. Im Winter mit dem Düngen aussetzen. Die Zugabe von Phosphor erhöht die Blühwilligkeit.

Umtopfen: Alle 2 Jahre mit Wurzelschnitt und zwar im Frühjahr von April bis Mai. Gute Drainage!

Erde: Indoor-Erde oder Lehm, Torf, Sand 1:1:1

Drahten: Da ältere Äste sehr brüchig sind, sollen nur die jungen, leicht verholzten Äste gedrahtet werden (Juli-September).

Schneiden: Äste am besten in der Hauptwachstumszeit, also von Mai bis August. Die neuen Triebe werden immer wieder auf 1-2 Blätter zurückgenommen, wenn sie 5-6 neue Blätter entwickelt haben.

Vermehrung: Am besten durch frischen Samen (Urlaub in den Tropen; sofort aussäen) oder durch ausgereifte Stecklinge ab Mai in Sand-Torf-Mischung 1:1

Camellia japonica
Kamelie
Familie: Theaceae
Teegewächse
Subtropen

Camellia japonica
Kamelie

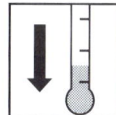

Die Camellia japonica kommt ursprünglich aus den Bergen Japans und Koreas und wird dort ca. 10-12 m hoch. In den Mittelmeerländern, in welchen sie heute oft als Gartenbäume zu finden sind, erreichen diese immergrüne Bäume bzw. Büsche mit ihren glänzenden dunkelgrünen Blättern und rosaroten Blüten jedoch eine Höhe von 3-8 m. Camellia sinensis mit ihren einfachen, viel kleineren weißen Blüten und gelben Staubgefäßen kommt aus Taiwan und Indien und wird heute wieder vermehrt im Handel als Topfpflanze angeboten. Sie eignet sich auch sehr gut zur Bonsaigestaltung. Vor allem die viel kleineren weißen Blüten und Blätter passen besser zur Bonsaiproportion. Die Blütezeit der meisten Kameliensorten ist von Spätherbst bis März. Es gibt sie von reinem Weiß über rosa-weiß gesprenkelt bis rot und goldgelb, jeweils mit einfachen und gefüllten Blüten. Für jeden Bonsaifreund sind diese Teegewächse eine wunderschöne Bereicherung in seiner Sammlung.

Standort: Alle Teegewächse lieben einen luftigen, kühlen Platz, viel Licht, jedoch keine pralle Sonne. Ab Mitte Mai an einen halbschattigen Platz ins Freie bringen und etwa Ende September wieder zurück ins Haus (Wintergarten) bei ca. 10-15° C, je kühler desto besser. Wenn die Kamelie Blütenknospen angesetzt hat, sollte sie möglichst nicht mehr viel bewegt werden, sonst wirft sie ihre Knospen ab.

Gießen: Gleichmäßig feucht halten. In den warmen Sommermonaten und in der Blütezeit benötigt sie etwas mehr Wasser. Bei kaltem Standort sparsamer gießen. Wasser entkalken.

Düngen: Während der Hauptwachstumszeit (nach der Blüte) alle 2 Wochen mit flüssigem Bonsai- oder Moorbeet-Pflanzendünger. Im Winter und während der Blütezeit nicht düngen.

Umtopfen: Alle 2-4 Jahre, je nach Alter, mit leichtem Wurzelschnitt im Frühjahr nach der Blüte (Februar-März).

Erde: Indoor-Erde oder Lehm, Torf, Sand 1:2:1.

Schneiden: Um eine weitere Verzweigung der Äste zu erreichen, wird bei jüngeren Bäumchen der neue Austrieb immer wieder auf 2-3 Blätter zurückgeschnitten, wenn sich ca. 4-6 Blätter gebildet haben. Bei älteren Bäumen, die schon eine gute Form erreicht haben und im Spätsommer Blüten ansetzen sollen, wird nur einmal beim 1. Austrieb zurückgeschnitten, damit die Triebe genügend Zeit haben, um Blütenknospen anzusetzen.

Drahten: Die beste Zeit zum Drahten ist von Oktober-Februar. Wenn die Kamelie Blütenknospen angesetzt hat, erst nach der Blüte drahten. Junge Triebe nur dann drahten, wenn sie verholzt sind.

Vermehrung: Durch leicht verholzte Stecklinge (Februar-August), brauchen jedoch sehr lange zur Bewurzelung. Auch durch Samen möglich.

Carmona microphylla
Fukien-Tee
Familie: Boraginaceae
Rauhblattgewächse
Tropen

Carmona microphylla
Fukien-Tee

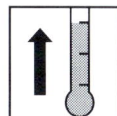

Ein tropischer immergrüner Strauch aus Südchina (Provinz Fukien) mit fast das ganze Jahr über weißen Blüten, aus denen sich hellrote Beeren entwickeln.
Er hat glänzende dunkelgrüne Blättchen mit kleinen weißen Punkten auf der Oberfläche, die oft irrtümlich für Insektenbefall gehalten werden. Der Stamm hat eine bräunlich-beige Rinde und ergibt einen schönen Kontrast zu den dunklen Blättern. Eine gute Pflanze, um vor allem wunderbare Mini-Bonsai zu gestalten.
Er ist fürs Haus besonders gut geeignet, da er auch im Winter warm stehen will.

Standort: Ganzjährig im Haus bei 10-24° C an einem hellen Fenster, jedoch keine direkte Sonne in der Mittagszeit (12.⁰⁰-15.⁰⁰ Uhr). Er freut sich auch auf einen halbschattigen Platz im Freien von Ende Mai-September.

Gießen: Immer gleichmäßig feucht halten, da die Carmona schnell schrumpft, wenn sie einmal ballentrocken geworden ist und dann nicht mehr austreibt.

Düngen: Von März-September alle 14 Tage mit flüssigem Bonsai-Dünger. Im Winter bei warmem Standort alle 6 Wochen. Wichtig ist, daß vor dem Düngen das Erdreich gut feucht ist, sonst kommt es zu Wurzelverbrennungen.

Umtopfen: Alle 2 Jahre. Im Frühjahr mit leichtem Wurzelschnitt.

Erde: Indoor-Erde oder Lehm, Torf, Sand 2:2:1

Schneiden: Den Neuaustrieb immer wieder auf 2-3 Blätter zurückschneiden, wenn 6-8 Blätter gewachsen sind. Schneiden der Äste das ganze Jahr über möglich.

Drahten: Im allgemeinen läßt sich die Carmona auch ohne Draht gut gestalten, wenn sie bei jungen Pflanzen damit anfangen. Um jedoch schneller eine Grundform zu erhalten, können Sie drahten. Es ist das ganze Jahr über möglich. Neuaustriebe allerdings erst drahten, wenn sie leicht verholzt sind.

Vermehrung: Durch Stecklinge das ganze Jahr über möglich. Beste Zeit von Mai-Juli.

Casuarina equisetifolia
Australische Kiefer
Familie: Casuarinaceae
Kasuarinengewächse
Feuchte Tropen

Casuarina equisetifolia
Australische Kiefer

Die australische Kiefer ist an den Sandstränden der immerfeuchten Tropen beheimatet, von Nordaustralien über die pazifischen Inseln bis Südostasien. Sie wird bis zu 25 m hoch und erinnert wegen ihrer schlanken Wuchsform an unsere Kiefer. Obwohl sie botanisch zu den Laubbäumen gezählt wird, haben ihre Blätter das Aussehen von Kiefernnadeln. Der Artenname „equisetifolia" bedeutet soviel wie schachtelhalmartig und bezieht sich auf die Blätter, die aussehen und sich auch auszupfen lassen wie ein Schachtelhalm. Die Blüten sind unscheinbar; die Früchte sehen aus wie kleine runde Zapfen und werden ca. 1,5 cm groß. Für den Bonsai-Freund bietet dieser Baum die Möglichkeit, auch einen nadelbaumähnlichen Bonsai als Indoor zu halten, während die echten Nadelbäume wie Kiefern, Wacholder u.a. nicht als Bonsai für die Wohnung geeignet sind. Er ist sehr robust und sieht am schönsten aus, wenn er wie eine Kiefer geformt wird; sogar die für einige Bonsai-Stile typischen Polsteretagen sind möglich.

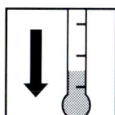

Standort: Ganzjährig im Zimmer bei viel Licht und frischer Luft möglich. Im Sommer am besten im Freien in voller Sonne. Im Winter bei 10-16° C und sehr hell. Steht er wärmer, so benötigt er eine Nachtabsenkung auf ca. 10-12° C.

Gießen: Generell sollte die Casuarina immer leicht feucht gehalten werden. Bei großer Hitze benötigt sie mehr Wasser, jedoch nicht zu viel, da ihre Wurzeln sonst schnell faulen. Steht sie zu trocken, so schrumpft die Rinde und die Pflanze geht ein.

Düngen: Alle 4 Wochen mit Bonsai-Flüssigdünger in der Hauptwachstumszeit von April bis September. Im Winter wird nicht gedüngt.

Umtopfen: Alle 2 Jahre mit mäßigem Wurzelschnitt. Die Schale nicht zu groß wählen.

Erde: Indoor-Erde oder Lehm, Torf, Sand 1:1:2

Schneiden: Äste im Frühjahr, nachdem der Baum gut ausgetrieben hat. Die Neuaustriebe werden immer wieder auf ca. 1-2 cm zurückgenommen, wenn sie 8-10 cm gewachsen sind. Wenn sich dann ein Grundpolster gebildet hat, kann man die Neuaustriebe auch mit den Fingern auszupfen.

Drahten: Am besten ab September, wenn die Zweige etwas ausgereift sind.

Vermehrung: Aus Samen oder Stecklingen, die leicht holzig sein sollten.

Crassula arborescens minor
Dickblatt
Familie: Crassulaceae
Dickblattgewächse
Subtropen

Crassula arborescens minor
Dickblatt

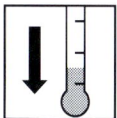

Crassula gehören zu den Sukkulenten, die in Halbwüsten und anderen Trockengebieten zu Hause sind. Es sind originelle, robuste Pflanzen, die in ihrer Heimat als ca. 2-3 m hohe baumartige Büsche wachsen. Die Crassula aborescens minor ist eine Züchtung mit kompaktem Wuchs und kleinen Blättern. Sie eignen sich deshalb sehr gut für die Bonsaigestaltung. Da ihre natürliche Wuchsform der eines Baumes entspricht und meist schon durch Rückschnitt der Triebe ein gutes Resultat erreicht wird, ist diese Pflanzenart für den Anfänger zu empfehlen.

Standort: Im Haus an einem hellen, sonnigen Platz. Von Mai (nach der Frostperiode) bis September an einem sonnigen bis halbschattigen Platz im Freien. Steht der Baum in voller Sonne, färben sich die Blätter rötlich und die Pflanze bleibt kompakter (langsam an die Sonne gewöhnen, um Verbrennungen zu vermeiden). Im Winter im Haus bis 8-16° C halten. Die Pflanze verträgt aber auch Temperaturen von 16-22° C.

Gießen: Das Dickblatt benötigt wie alle Sukkulenten wenig Wasser. Eine Faustregel ist: Gut antrocknen lassen, dann erst wieder kräftig gießen. Im Winter bei kühlem Standort (8-12° C) kaum gießen. Kann auch im Sommer, ohne daß es ihm schadet, 4-6 Wochen nicht gegossen werden (Urlaubszeit). Bekommt die Crassula zuviel Wasser, reagiert sie mit Blattabfall und Wurzelfäule.

Düngen: Mai-September alle 4 Wochen mit flüssigem Bonsai-Dünger. Im Winter nicht düngen.

Umtopfen: Ist jederzeit möglich. Ca. alle 2-3 Jahre, Wurzeln nur wenig einkürzen. Nach dem Umpflanzen ca. 2 Wochen kein Wasser geben.

Erde: Indoor-Erde oder Lehm, Torf, Sand 1:2:2.

Schneiden: Die Äste am besten von April-September. Um den natürlichen Baumcharakter dieser Pflanze sichtbar zu machen, sollten Sie die unteren Blätter entfernen, auch alle quer und nach innen wachsenden Äste abschneiden. Haben die neuen Triebe die gewünschte Länge erreicht, werden die Triebspitzen eingekürzt. Nach der neuen Verzweigung die Triebspitzen immer wieder auf 1-3 Blattpaare zurücknehmen.

Drahten: Immer dann möglich, wenn die Äste bzw. Triebe leicht verholzt sind. Vorsichtig drahten, da die fleischigen Äste leicht verletzt werden können. Vermehrung: Durch 5-15 cm lange Kopfstecklinge. Nach dem Abschneiden ca. 14 Tage antrocknen lassen, dann in trockene Erde (Torf, Sand 1:1) stecken. Nachdem sich kleine, weiße Wurzelfäden entwickelt haben, kräftig wässern und feucht halten.

Cupressus macrocarpa 'Gold Crest'
Goldzypresse
Familie: Cupressaceae
Zypressengewächse
Subtropen

Cupressus macrocarpa 'Gold Crest'
Goldzypresse

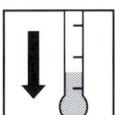

Die echten Zypressen, die wir oft von Urlaubsreisen aus Mittelmeerländern mitbringen, sind pyramidenförmige, immergrüne, ca. 20-30 m hoch werdende Nadelbäume, die einen leicht trockenen Standort und Wärme lieben. Auch in Arizona/USA, in Mexico und im Himalaya sind diese Bäume zu Hause. Meist sind nur die gelblich-grünen Gold Crest im Handel zu haben. Diese eignen sich auch besser für die Bonsai-Gestaltung als die grünen Arten, da sie im Winter etwas mehr Wärme vertragen. Am besten läßt sich aus diesen Pflanzen ihre natürliche Pyramidenform gestalten; auch Wälder und streng aufrechte Formen sind leicht zu erzielen. Es ist jedoch problematisch, eine gewisse Stammstärke zu erreichen. Da die Zypresse in der Schale nur langsam einen dicken Stamm bekommt, empfiehlt es sich, eine jüngere Pflanze erst in einem größeren Topf 1-2 Jahre wachsen zu lassen und erst dann mit der Gestaltung zu beginnen, wenn der Stamm die gewünschte Stärke erreicht hat.

Standort: Im Sommer ein heller sonniger Platz im Haus oder gleich ab Mitte Mai, wenn die Frostperiode vorüber ist, ins Freie an eine sonnige warme Stelle; auch Halbschatten ist möglich. Ab Herbst, wenn die Temperaturen unter 5° C sinken, an einen hellen Standort bei 5-15° C, bis höchstens 20° C. Je nach Standort mäßig feucht, eher trocken.

Gießen: Auch während der Hauptwachstumszeit im Sommer. Im Winter an einem kalten Standort von 5-15° C trocken halten, jedoch nie ganz austrocknen lassen.

Düngen: Von Frühjahr bis Herbst alle 14 Tage einmal flüssig düngen. Im Winter nur bei einem warmen Standort alle 4-6 Wochen düngen.

Umtopfen: Im Frühjahr alle 1-2 Jahre mit Wurzelschnitt.

Erde: Indoor-Erde mit etwas Sand mischen oder Lehm, Torf und Sand 1:1:2

Schneiden: Schneiden der Äste das ganze Jahr über möglich, am besten jedoch im Frühjahr vor dem Hauptaustrieb. Die jungen Triebe immer wieder auf ca. 1/3 zurückzupfen, um ein schönes Astpolster zu erreichen.

Drahten: Am besten von Februar-Ende März.

Vermehrung: Durch halbausgereifte Stecklinge im Sommer oder durch Aussaat.

Eugenia myrtifolia
Syzygium paniculatum
Australische Buschkirsche
Familie: Myrtaceae
Myrtengewächse
Subtropen

Eugenia myrtifolia
Syzygium paniculatum
Australische Buschkirsche

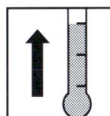

Der schöne, aus Australien stammende, etwa 6 m hoch werdende, immergrüne Baum hat dünne, elliptische, dunkelgrün glänzende Blätter.
Die myrtenähnlichen, weißen Blüten wachsen in Büscheln aus den verholzten Kurztrieben, bei uns im Juni/Juli, und setzen dann kleine, eiförmige, feuerrot bis lilafarbene, eßbare Früchte an. Die Blätter des jungen Austriebes werden, sofern sie genügend Licht erhalten, feuerrot und erhöhen den Reiz dieser subtropischen Buschkirsche.

Standort: Im Sommer am hellen, sonnigen Fenster bei viel frischer Luft oder ab Ende Mai-September ins Freie an einen sonnigen bis leicht schattigen Platz.
Im Winter bei ca. 15-18° C an einem hellen Fenster in der Wohnung; kann jedoch auch etwas wärmer stehen.

Gießen: Im Sommer braucht die Eugenia reichlich Wasser, jedoch immer warten, bis die Erde leicht angetrocknet ist. Im Winter natürlich entsprechend weniger gießen.

Düngen: Von März-September alle 14 Tage mit flüssigem Bonsaidünger; im Herbst und Winter alle 4 Wochen.

Umtopfen: Immer wenn der Erdballen gut durchwurzelt ist; meist alle 1-2 Jahre mit kräftigem Wurzelschnitt.

Erde: Indoor-Erde oder Lehm, Torf, Sand 1:1:1.

Schneiden: Regelmäßig alle Äste und Triebe, die kreuz und quer aus der Krone wachsen, entfernen, um eine klare Baumform zu bekommen. Die neuen Triebe auf 1-2 Blattpaare zurückschneiden, wenn 6-8 Paare gewachsen sind.

Drahten: Verholzte Äste und Triebe am besten von August-September oder im März drahten. Das ganze Jahr über ist das Herunterbinden der Äste möglich.

Vermehrung: Durch ausgereifte Stecklinge im Juni-August oder durch Aussäen im Herbst.

Feroniella lucida
Eisenbaum
Familie: Rutaceae
Rautengewächse
Tropen

Feroniella lucida
Eisenbaum

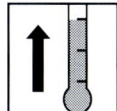

Den Eisenbaum findet man in den Wäldern Thailands. Er wächst dort als hoher Baum mit borkiger Rinde und wird uralt. Die Thais nennen ihn deswegen auch „longlife-tree". Er hat gelbliche Blüten und bildet eßbare, apfelgroße Früchte aus, die bei ihrer Reife eine harte, braune Schale bekommen. Die Feroniella kommt als Bonsai meist aus Thailand und Vietnam, wächst in der Schale langsam und benötigt wie in ihren Heimatländern viel Licht und eine hohe Luftfeuchtigkeit. Sie hat glänzende, frisch mittelgrüne, gefiederte Blätter, aus deren Blattachseln je ein Dorn wächst. Dieser Bonsai liebt sandige Erde und darf nicht zu naß stehen.

Standort: An einem hellen Platz im Haus, bei 18-22° C. Steht er zu kalt oder hat er zu wenig Licht, wirft er alle seine Blätter ab. Er treibt aber erneut aus, wenn die Lichtwerte und Wärme wieder stimmen. Im Freien an einem leicht schattierten Platz von Mai-September.

Gießen: Vor erneutem Gießen oder Tauchen erst leicht antrocknen lassen. Keine Staunässe.

Düngen: Ab April-September mit flüssigem Bonsaidünger. Anfang Juni eine Gabe organischen Pulverdüngers auf die Erdoberfläche streuen (1 Teelöffel für eine Schale von 15 cm). Im Winter nur düngen, wenn die Pflanze warm und hell steht und zwar alle 6 Wochen mit flüssigem Dünger.

Umtopfen: Im Frühjahr, wenn er gut durchgewurzelt ist, ca. alle 1-2 Jahre, mit Wurzelschnitt.

Erde: Indoor-Erde oder Lehm, Torf, Sand 1:1:1

Schneiden: Beste Zeit ist im Frühjahr, wenn die Pflanze gut wächst. Die neuen Triebe immer dann zurückschneiden, wenn ca. 10 Blätter gewachsen sind, auf 2-3 Blätter zurücknehmen. Die kleinen Triebe, die direkt am Stamm und im unteren Bereich der Äste wachsen, immer entfernen.

Drahten: Wenn Äste bzw. Triebe verholzt sind, und die gewünschte Länge erreicht ist.

Vermehrung: Durch 6-8 cm lange ausgereifte Stecklinge von Juni-August.

Ficus buxifolia
Buchsbaumblättriger Gummibaum
Familie: Moraceae
Maulbeerbaumgewächse
Tropen

Ficus buxifolia
Buchsbaumblättriger
Gummibaum

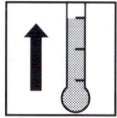

Der Ficus buxifolia stammt aus Zaïre, also direkt aus dem Tropengürtel der Erde. Er hat schlanke, biegsame, relativ dünne Äste. Seine keilförmigen, kleinen Blätter sind ledrig und dunkelgrün. Er ist dem Ficus triangularis sehr ähnlich; dieser hat jedoch wesentlich längere Blätter. Der buchsblättrige Ficus eignet sich hervorragend für die Gestaltung zum Miniaturbaum, denn er verträgt unsere Zimmerluft; außerdem hat er von Natur aus kleine Blättchen. Der Baum verzweigt sich gut und entwickelt schon in frühester Jugend kleine grüne Früchte, die paarweise aus den Blattachseln wachsen, jedoch bei uns meist nicht ausreifen.

Standort: Ganzjährig im Wohnbereich. Im Winter auf dem Fensterbrett über der Heizung bei 18-24° C. Er bevorzugt Licht, verträgt jedoch auch einen etwas dunkleren Standort. Nach den Frühjahrsfrösten ist ein Standort im Freien – sonnig bis halbschattig – ideal. Im Herbst bei Temperaturen unter 15° C wieder ins Haus nehmen.

Gießen: Wie bei allen Gummibäumen die Erde erst antrocknen lassen, bevor man gießt. Zuviel Wasser hat Blattabwurf zur Folge.

Düngen: Von April bis September alle 2 Wochen mit Bonsai-Flüssigdünger. Im Winter alle 6 Wochen.

Umtopfen: Ca. alle 2 Jahre mit Wurzelschnitt; spätestens jedoch, wenn der Erdballen gut durchgewurzelt ist. Am besten im Mai.

Erde: Indoor-Erde oder Lehm, Torf, Sand 1:1:1

Schneiden: Äste das ganze Jahr über möglich. Die neuen Triebe werden immer wieder auf 1-2 Blätter zurückgeschnitten, wenn sie 10-12 Blättchen entwickelt haben. Da beim Ficus buxifolia das Dickenwachstum nicht sehr ausgeprägt ist, empfiehlt es sich, die Triebe wesentlich länger werden zu lassen, auf ca. 30-40 Blätter, und dann erst zurückschneiden, um dickere Äste zu erhalten. Sie sollten auch darauf achten, daß alle Äste, die senkrecht nach oben wachsen, immer wieder entfernt werden.

Drahten: Ist immer möglich, jedoch am besten während der Hauptwachstumszeit. Sollten Sie eine frei aufrechte Form wünschen, ist es wichtig, daß der Stamm schon bei Jungpflanzen mit Draht geformt wird.

Vermehrung: Am besten durch Stecklinge von Juni bis Anfang August bei ca. 20-24° C.

Ficus carica
Feigenbaum
Familie: Moraceae
Maulbeerbaumgewächse
Subtropen

Ficus carica
Feigenbaum

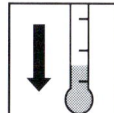

Der Feigenbaum ist eine uralte Kulturpflanze. Er ist mit unseren Gummibäumen verwandt, verliert jedoch im Gegensatz zu ihnen seine Blätter im Winter. Schon im Altertum wurden seine Früchte (Feigen) geschätzt. Sie kommen ursprünglich aus Vorderasien und dem Mittelmeerraum. Der Ficus carica bildet im Herbst kleine Feigen aus, die im darauffolgenden Sommer ausreifen. Allerdings werden bei uns nur ein Teil dieser Früchte den Winter überstehen. Die grob gezackten Blätter sind relativ groß. Man kann sie jedoch, wenn der Feigenbaum lange in der Schale steht, proportional auf die richtige Bonsaigröße reduzieren. Auch den Blattschnitt verträgt die Pflanze sehr gut.

Standort: Die Feige liebt sonnige Plätze. Ab Mai ins Freie bringen und in voller Sonne aufstellen. Ob Oktober ins Haus bei 5-8° C oder auch kühler stellen, damit sie ihre Winterruhe halten kann. Je dunkler sie im Winter steht, desto kühler muß die Temperatur sein. Steht sie das ganze Jahr im Haus, benötigt sie ab Frühjahr einen sonnigen, luftigen Fensterplatz.

Gießen: Im Somer braucht sie reichlich Wasser. Sie können jedoch die Blattgröße etwas reduzieren, wenn Sie gezielt gießen, also erst wieder Wasser geben, wenn die Blätter anfangen leicht zu schlappen. Steht der Feigenbaum im Winter kühl, wenig Wasser geben, jedoch nicht vertrocknen lassen.

Düngen: Vom Austrieb an bis Anfang September alle 14 Tage mit Flüssigdünger. Für eine organische Pulverdüngergabe, zweimal während der Hauptwachstumszeit, ist er dankbar.

Umtopfen: Junge Pflanzen alle 2 Jahre, ältere alle 3-4 Jahre am besten im Frühjahr vor dem Neuaustrieb. Einen kräftigen Wurzelschnitt verträgt die Feige sehr gut.

Erde: Der Indoor-Erde etwas Sand beimischen oder Lehm, Torf, Sand 2:1:1

Schneiden: Feigenbäume vertragen einen starken Rückschnitt das ganze Jahr über. Die neuen Triebe werden immer wieder zurückgeschnitten, wenn sie 6-8 Blätter getrieben haben, und zwar auf 2-3 Blätter. Im Sommer können Sie immer wieder die größten Blätter entfernen. Dadurch bekommt ihr Bäumchen kleinere Blätter und eine bessere Verzweigung.

Drahten: Generell kann das ganze Jahr über gedrahtet werden. Beste Zeit jedoch ist kurz vor dem Neuaustrieb zu Beginn des Frühjahrs. Bei der Feige sind zu dicke Äste sehr schwer zu formen. Sie sollten mit der Gestaltung bei relativ jungen Pflanzen beginnen.

Vermehrung: Im Frühjahr durch Stecklinge, kurz bevor sie verholzen.

Ficus microcarpa
Lorbeerfeige
Familie:Moraceae
Maulbeerbaumgewächse
Subtropen

Ficus microcarpa
Lorbeerfeige

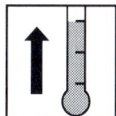

Die Lorbeerfeige ist ein immergrüner und – wie fast alle Ficusarten – riesengroß werdender Baum mit einer mächtigen, ausladenden Krone und vielen Luftwurzeln, die von den Ästen zur Erde wachsen und die Funktion eines Stammes übernehmen. Ähnlich ist es beim Ficus benghalensis, dem legendären Banyan-Baum, unter dem sich nach vielen Jahren ein ganzer Wald von Stämmen aus Luftwurzeln entwickelt.

Der Ficus microcarpa wird schon seit vielen Jahrzehnten in Südchina und Taiwan als Bonsai gezogen. Er hat dunkelgrüne, lorbeerähnliche Blätter, eine schöne weißlich-graue Rinde, kommt mit etwas weniger Licht aus und kann auch kühler stehen. Ein robuster Baum, mit dem man alle Bonsaiformen gestalten kann.

Standort: Das ganze Jahr in der Wohnung. Im Winter sollte er auf dem Fensterbrett über der Heizung bei 18-24° C stehen. Je heller sein Standort, desto wuchsfreudiger ist er, und desto mehr Blätter treibt er. Im Sommer freut auch er sich auf einen sonnigen bis halbschattigen Aufenthalt im Freien.

Gießen: Grundsätzlich erst gießen, wenn die Erde leicht angetrocknet ist. Je kühler und dunkler der Standort, desto weniger Wasser geben.

Düngen: Alle 2 Wochen mit Bonsai-Flüssigdünger. Im Winter etwa alle 4-5 Wochen.

Umtopfen: Alle 2 Jahre mit Wurzelschnitt. Am besten im Frühjahr, jedoch auch im Sommer bei vorherigem Blattschnitt möglich.

Erde: Indoor-Erde oder Lehm, Torf, Sand 1:2:2

Schneiden: Äste immer möglich. Die neuen Triebe werden auf 1-3 Blätter zurückgeschnitten, wenn sich 6-8 gebildet haben. Ende Juni können alle Blätter abgeschnitten werden, um eine feinere Verästelung zu erreichen. Auf jeden Fall sollten Sie die größten Blätter immer wieder entfernen, damit mehr Licht und Luft in die Baumkrone kommt.

Drahten: Ist immer möglich. Die Äste sollten jedoch schon verholzt sein. Rechtzeitig den Draht wieder entfernen, um das Einwachsen zu vermeiden.

Vermehrung: Am besten durch Stecklinge im Sommer bei ca. 24° C Bodenwärme oder durch Aussaat. Auch Abmoosen ist gut möglich, sofern Pflanzmaterial vorhanden ist.

Ficus natalensis
Natal-Feige
Familie: Moraceae
Maulbeerbaumgewächse
Subtropen - Tropen

Ficus natalensis
Natal-Feige

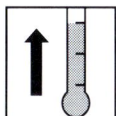

Der aus Südafrika (Natal) stammende, immergrüne Ficus wächst als verholzter Busch oder Baum mit starker Verästelung und wird zwischen 3-20 m hoch. Er hat glänzende, dunkelgrüne, ledrige, fast spatelförmige Blätter mit einer flachen, gewellten Blattspitze. Die Früchte wachsen paarweise aus den Achseln der Blätter. Die Rinde ist silbriggrau mit braunen Längsstreifen. Bei hoher Luftfeuchtigkeit und wenn man die Äste lang durchtreiben läßt (wie bei fast allen Ficusarten), bildet die Pflanze schöne Luftwurzeln, die dann bei der Bonsaigestaltung berücksichtigt werden können. Er ist sehr wüchsig, anspruchslos, verträgt Trockenheit, kann in voller Sonne stehen, ist aber auch mit weniger Licht zufrieden. Verträgt einen starken Rückschnitt und ist durch richtiges Schneiden gut zu formen, so daß auf das Drahten verzichtet werden kann.

Standort: Im Haus an einem Fensterplatz bei ca. 15-24° C. Er kann ohne Probleme auf der Fensterbank mit einem Heizkörper stehen. Im Winter sollte die Temperatur nicht unter 12° C sinken. Oder: Im Sommer, nach der Frostperiode ins Freie an einen sonnigen bis halbschattigen Platz. Wenn die Temperatur im Herbst wieder unter 15° C sinkt, zurück in die Wohnung nehmen.

Gießen: Vor erneutem Gießen Erde imer etwas antrocknen lassen. Steht er im Winter sehr kühl, sparsam gießen.

Düngen: Von März-Oktober alle 14 Tage mit flüssigem Bonsaidünger. Im Winter nur düngen, wenn er warm, bei 18-24° C steht.

Umtopfen: Wenn er stark durchwurzelt ist, mit kräftigem Wurzelschnitt im Frühjahr, ca. alle 2 Jahre.

Erde: Indoor-Erde oder Lehm-Torf-Sand 1:1:1

Schneiden: Dieser starkwüchsige Bonsai kann das ganze Jahr über geschnitten und gestaltet werden. Die neuen Triebe immer wieder auf ungefähr 2 Blätter zurücknehmen, wenn sie 12 Blätter getrieben haben. Der Blattschnitt sollte in der Zeit von Juni-Juli vorgenommen werden.

Drahten: Von Ende Juli bis Ende August, nur stark verholzt Äste drahten.

Vermehrung: Durch Stecklinge im Torf-Sand-Gemisch Juni bis Anfang August; etwas Bodenwärme ist nötig.

Ficus neriifolia
Oleanderblättriger Gummibaum
Familie:Moraceae
Maulbeerbaumgewächse
Tropen

Ficus neriifolia
Oleanderblättriger
Gummibaum

Der Ficus neriifolia ist wahrscheinlich aus dem Ficus salicifolia entstanden, er wächst jedoch kompakter und wesentlich langsamer. Er wurde schon vor 30 Jahren in Florida zur Bonsai-Gestaltung verwendet; die dortigen Bonsai-Freunde besitzen inzwischen wunderschöne Exemplare.

Dieser Gummibaum hat schmale, lanzettförmige, dunkelgrüne Blätter, deren Form denen des Oleanders ähnelt. Der Ficus neriifolia bekommt sehr schnell einen kräftigen, geraden Stamm, mit gut ausgebildetem Stammansatz, der sich nach oben hin verjüngt. Seine Äste lassen sich wunderschön zu einer schirmartigen Krone ausbilden, wie wir sie von tropischen, schattenspendenden Bäumen her kennen.

Standort: Ganzjährig im Zimmer. Liebt „warme Füsse" und einen hellen Standort. Im Sommer kann man den Baum auch ins Freie stellen. Volle Sonne bis Halbschatten. Im Herbst bei Temperaturen unter 15° C wieder ins Haus nehmen und bei 15-24° C aufstellen. Durch den Standortwechsel im Herbst ist es möglich, daß er seine Blätter abwirft. Er wird jedoch bei normalen Zimmertemperaturen nach ca. 6-8 Wochen wieder austreiben. Auch wenn er kalt oder zu dunkel steht, reagiert er mit Blattabwurf.

Gießen: Allgemein gilt: Erst wieder gießen, wenn die Erde leicht angetrocknet ist. Sollte er die Blätter ganz verlieren, dann wenig gießen, bis er wieder voll belaubt ist. Allerdings verliert er auch bei zu viel Feuchtigkeit seine Blätter.

Düngen: Alle 3 Wochen mit Bonsai-Flüssigdünger, im Winter alle 6 Wochen.

Umtopfen: Alle 2 Jahre mit Wurzelschnitt im Frühjahr, aber auch das ganze Jahr möglich außer in den Wintermonaten.

Erde: Indoor-Erde oder Lehm, Torf, Sand 1:1:1

Schneiden: Äste das ganze Jahr über, Neuaustriebe dann, wenn die Triebe ca. 8-10 cm lang geworden sind, auf ca. 1-2 cm zurücknehmen. Alle Triebe, die sich im Inneren der Krone befinden, oder die aufrecht nach oben wachsen, immer entfernen; auch die alten bzw. großen Blätter während der Hauptwachstumszeit immer wieder abschneiden.

Drahten: Das ganze Jahr über möglich, am besten ab Juli bis Ende August. Man kann auch durch wiederholtes Biegen der Äste oder dünnen Stämme mit den Händen die gewünschte Form erreichen.

Vermehrung: Durch gut ausgereifte Stecklinge im Frühsommer bei 20-25° C. Abmoosen, sofern eine große Pflanze vorhanden.

Ficus religiosa
Bobaum
Familie: Moraceae
Maulbeerbaumgewächse
Tropen

Ficus religiosa
Bobaum

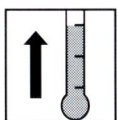

Der Ficus religiosa ist der heilige Baum der Buddhisten. Nach einer Legende hatte Buddha etwa 500 v. Chr. unter diesem Baum in Indien seine Erleuchtung. Deshalb findet man den Bobaum in Südostasien oft an buddhistischen Tempeln gepflanzt. Seine Austriebe mit den neuen Blätter sind rötlich, vorausgesetzt, er steht in voller Sonne. Die alten Blätter haben einen ganz leichten bläulichen Schimmer. Sie sind herzförmig und besitzen eine langgezogene Blattspitze. Stamm und Zweige zeichnen sich durch eine schöne weißlich-graue Rinde aus. Die Wurzeln bilden bei älteren Bäumen eine sehr dekorative Wurzelplatte aus, die wie ein kostbares Geflecht in den Stamm übergeht.

Der Bobaum ist für die Bonsai-Gestaltung gut geeignet; sehr schöne Exemplare sind in Thailand zu finden, meist jedoch nur bei Bonsai-Liebhabern. Bei uns im Handel werden auch schon gelegentlich Jungpflanzen zum Verkauf angeboten.

Standort: Er braucht viel Licht und Wärme, also den hellsten Platz in der Wohnung mit Sonne (Südfenster). Wenn möglich, ab Ende Mai ins Freie bei voller Sonne an einen windfreien Platz stellen. Im Herbst, wenn die Temperaturen unter 16° C sinken, wieder ins Haus holen. Bei 16-24° C kann er auch auf der Heizung stehen. Hat er einen zu kalten Standort und zu wenig Licht, wirft er alle Blätter ab.

Gießen: Wie bei den meisten Ficusarten Erde vor erneutem Gießen immer antrocknen lassen.

Düngen: Von April bis September alle 14 Tage mit Bonsai-Flüssigdünger. Im Winter alle 6 Wochen, wenn der Baum warm steht. Steht er kühler und hat alle Blätter abgeworfen, erst wieder im Frühjahr bei Wachstumsbeginn mit der Düngung beginnen.

Umtopfen: Alle 2 Jahre mit Wurzelschnitt im Frühjahr, dabei darauf achten, daß die Wurzeln im oberen Bereich gleichmäßig nach allen Seiten gelegt werden, um später die schöne Wurzelplatte zu bekommen.

Erde: Indoor-Erde oder Lehm, Torf, Sand 1:2:1

Schneiden: Äste immer möglich. Die neuen Triebe immer wieder auf 1-2 Blätter zurückschneiden, sobald sie 6-8 Blätter erreicht haben. Sofern der Ficus den richtigen Standort hat, wächst er sehr stark, so daß während der Hauptwachstumszeit ein kompletter Blattschnitt bis zu zweimal vorgenommen werden kann. Die Blätter werden wesentlich kleiner und wir erhalten eine gleichmäßige feine Verzweigung.

Drahten: Immer möglich. Nur verholzte Äste drahten; Draht rechtzeitig wieder entfernen, um keine Narben zu erzeugen.

Vermehrung: Durch Stecklinge im Frühsommer bei einer Bodenwärme von 22-26° C. Samen im Handel schwer erhältlich.

Ficus benjamina
Birkenfeige
Familie: Moraceae
Maulbeerbaumgewächse
Tropen

Ficus benjamina
Birkenfeige

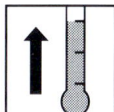

Die Birkenfeige, im englischen Sprachraum wegen ihrer Wuchsform auch „Weeping-Ficus" genannt, ist einer der bekanntesten Gummibäume, von denen es über 500 Arten gibt. Ursprünglich in Indien und Malaysia beheimatet, findet man ihn heute in fast allen tropischen Ländern. Die Birkenfeige wächst dort zu einem riesigen Baum mit einer mächtigen Krone. Die hängenden Äste geben ihm ein elegantes Aussehen. Seine ovalen, hell- bis tiefgrünen Blätter sind am Rande leicht gewellt. Er bekommt kleine, feigenartige grüne Früchte, die sich, wenn sie reif werden, blutrot färben.

Bei uns ist der Ficus benjamina schon lange als Zimmerpflanze bekannt. Seine Robustheit und die tropische Wuchsform begeistern alle Pflanzenliebhaber. Es gibt viele Variationen dieser Pflanze, die sich jedoch oft nur in der Blattgröße unterscheiden. Besonders geeignet für die Bonsai-Gestaltung sind noch der Ficus benjamina exotica (Java-Ficus), Ficus benjamina 'Natascha', die auch bei weniger Licht gut gedeihen. Wie die meisten Ficusarten verträgt er Zimmerklima das ganze Jahr über gut und läßt sich außerdem zu wunderschönen Bonsai formen.

Standort: Wie fast alle tropischen Ficusarten ist er ohne Probleme ganzjährig im Haus zu halten, im Winter auch auf der Heizung, denn er liebt „warme Füße". Er freut sich jedoch, wenn er ab Ende Mai einen Platz im Freien erhält (volle Sonne bis Halbschatten); das Bäumchen wird dann kräftiger und kompakter. Wenn die Temperaturen im Herbst wieder unter 16° C sinken, sollte der Baum wieder an einen hellen Standort in der Wohnung bei 15-24° C gebracht werden. Steht er zu dunkel, verliert er viele seiner Blätter. Bei hoher Luftfeuchtigkeit und viel Wärme bekommt er auch Luftwurzeln, die den Baum noch interessanter machen (warmer Wintergarten oder kleines Gewächshaus).

Gießen: Wie alle Pflanzen mit ledrigen Blättern und daher geringer Verdunstung, benötigt der Gummibaum weniger Wasser. Die Erde erst antrocknen lassen, bevor neu gegossen wird. Je kühler er steht, desto weniger gießen. Wird er zu naß gehalten, wirft er seine Blätter ab, und die Wurzeln beginnen zu faulen.

Düngen: Von Frühjahr bis Herbst alle 14 Tage mit Bonsai-Flüssigdünger. Im Winter, nur wenn er warm steht, alle 4-6 Wochen.

Umtopfen: Alle 2 Jahre mit Wurzelschnitt, am besten im Frühjahr. Gute Drainage!

Erde: Indoor-Erde oder Lehm, Torf, Sand 1:2:1

Schneiden: Bei den Ästen immer möglich. Der an den Schnittstellen austreibende Milchsaft verheilt die Wunden und ist kein Grund zur Beunruhigung. Die neuen Triebe immer wieder auf 1-3 Blätter zurückschneiden, wenn sie ca. 6-8 Blätter getrieben haben. Auch den Blattschnitt verträgt der Ficus ohne Probleme, jedoch nur in der Hauptwachstumszeit. Auf jeden Fall sollten Sie immer wieder die zu groß gewachsenen Blätter entfernen.

Drahten: Das ganze Jahr über möglich, aber nur verholzte Triebe drahten und den Draht rechtzeitig wieder entfernen, je nach Wachstum schon nach 3-6 Monaten.

Vermehrung: Am besten durch Stecklinge im Sommer (Juni-August) oder durch Abmoosen von einer großen Pflanze (Mai). Auch durch Samen möglich.

Fortunella hindsii
Zwerg-Apfelsine
Familie: Rutaceae
Rautengewächs
Subtropen

Fortunella hindsii
Zwerg-Apfelsine

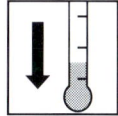

Die Artenvielfalt der Rutaceen ist sehr groß. Sie kommen ursprünglich aus Südostasien und sind heute in allen meist subtropischen Klimazonen zu finden. Die Früchte sind uns allen bekannt als Apfelsinen, Zitronen, Mandarinen, Clementinen usw. Die Blüten dieser kleinen Bäume sind weiß und duften sehr stark. Die Rinde des Stammes ist glatt und fast bräunlich-grün und mit dem weißlichen Streifen von besonderem Reiz. Für die Bonsaikunst sollten Sie nur Arten mit kleinen Blättern und Früchten aussuchen, um eine gute Proportion zu erzielen. Diese Arten sind zu empfehlen: Fortunella hindsii, Fortunella margarita, Fortunella japonica, Citrus mitis, Citrus aurantifolia, Citrus microcarpa.

Standort: Ab Mitte Mai (nach der Frostperiode) ist ein halbschattiger bis sonniger Platz im Freien ideal. Ende September sollten die Temperaturen im Haus nicht über 12° C steigen, da sonst die Pflanze keine Ruhephase erhält und geschwächt wird. Auch Blattverlust sind die Folgen. Steht die Pflanze das ganze Jahr in der Wohnung, benötigt sie sehr viel Licht und Luft.

Gießen: Das ganze Jahr über gleichmäßig feucht (nicht naß) halten und wenn möglich das Wasser entkalken. Eine gute Drainage ist wichtig, um Staunässe zu vermeiden, sonst faulen die Wurzeln.

Düngen: Während der Hauptwachstumszeit April-Ende August alle 14 Tage mit flüssigem Bonsaidünger. Danach sollte nicht mehr gedüngt werden. Eine Gabe organischen Pulverdüngers Anfang Juni sollte eingeplant werden.

Umtopfen: Alle 2-3 Jahre im Frühjahr mit Wurzelschnitt. Nicht zu tief eintopfen. Der Wurzelhals sollte von Erde frei sein, sonst entsteht Stammfäule.

Erde: Indoor-Erde oder Lehm, Torf, Sand 2:1:1. Die meisten Citrusarten lieben kalkarme Erde (pH-Wert um 5,0).

Schneiden: Äste entfernen können Sie das ganze Jahr über. Beim Rückschnitt sollten Sie etwas vorsichtig sein, da bei zu starkem Schneiden, vor allem, wenn keine Blattmasse mehr vorhanden ist, sie nur sehr schwer wieder austreiben. Außerdem wird der Blütenansatz verhindert. Starke Schnittstellen mit Baumwachs verschließen.

Drahten: Äste das ganze Jahr über möglich. Während der Blütezeit und wenn sie Früchte tragen, sollte nicht gedrahtet werden. Triebe erst drahten, wenn sie leicht verholzt sind.

Vermehrung: Durch Samen oder Stecklinge, Veredelung.

Fraxinus uhdei
Immergrüne Esche
Familie: Oleaceae
Ölbaumgewächse
Subtropen

Fraxinus uhdei
Immergrüne Esche

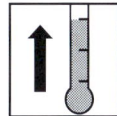

Immergrüner, ungefähr bis 15 m hoher Baum mit weit ausladendem Wuchs, leicht hängenden Ästen und aschgrauer Rinde. Die Blätter sind ca. 10 cm lang, tiefgrün, gefiedert und mit fünf bis neun lanzettförmigen Fiederblättchen besetzt. Diese sind an den Rändern mit kleinen Zähnen versehen, die mit bloßem Auge fast nicht zu erkennen sind. Als Bonsai gestaltet, findet man ihn sehr häufig in Taiwan. Er ist robust, liebt viel Licht, kann jedoch auch etwas dunkler stehen. Die relativ langen Blattabstände bekommt man gut in den Griff, wenn man sie, sobald die Grundform gestaltet ist, immer wieder zurückschneidet und gleichzeitig die großen, gefiederten Blätter entfernt.

Standort: Im Haus ans Fenster stellen. Je heller, umso kompakter bleibt die Pflanze oder ab Ende Mai-Oktober an einen halbschattigen bis sonnigen Platz. Im Winter bei ca. 16-20° C halten.

Gießen: Durch richtiges Gießen können Sie sowohl die Größe der Blätter als auch den Blattabstand beeinflussen. Also: leicht antrocknen lassen, bevor erneut gegossen wird.

Düngen: Ab März-September alle 14 Tage mit flüssigem Bonsaidünger. Von September-März alle 4-6 Wochen.

Umtopfen: Alle 2 Jahre, wenn er gut durchgewurzelt ist, mit starkem Wurzelschnitt im Frühjahr.

Erde: Indoor-Erde oder Lehm, Torf, Sand 1:1:1. Wenn Sie mehr Lehm zumischen, bleibt die Pflanze kompakter.

Schneiden: Er kann das ganze Jahr über geschnitten werden, wann immer es nötig ist. Die neuen Triebe leicht verholzen lassen und immer wieder auf 1-2 Blattpaare zurücknehmen. Alle Triebe, die nach innen wachsen, abschneiden. Die großen Blätter während der Hauptwachstumszeit immer wieder entfernen.

Drahten: Wenn die Äste verholzt sind ab September.

Vermehrung: Durch leicht verhärtete Stecklinge von Juni-Juli. Im Torf-Sand-Gemisch im Verhältnis 1:1 bei ca. 20-25° C aufstellen.

Fuchsia minutiflora
Fuchsie
Familie: Onagraceae
Nachtkerzengewächse
Subtropen

Fuchsia minutiflora
Fuchsie

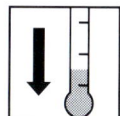

Die Urform der Fuchsien wurde vor ca. 300 Jahren in Südamerika entdeckt und nach Europa gebracht. Sie stammen meist aus subtropischen Gebieten (Chile, Mexico, Peru, Bolivien, Neuseeland). Heute kennt man eine Vielfalt an Fuchsien-Hybriden. Die Blüten können einfach, halbgefüllt und gefüllt sein. Es gibt sie in Rot, Rosa, Orange und den Kombinationen dieser Farben. Es sind hängende, halbhängende und aufrechte Wuchsformen auf dem Markt. Die Blütezeit ist von Juni-Herbst. Für die Bonsai-Kunst eignen sich vor allem die kleinblättrigen und kleinblütigen Sorten wie Fuchsia magalanica, Fuchsia minutiflora, Fuchsia minimiflora. Auch die Hybriden mit den größeren Blättern und Blüten sind gut geeignet.

Standort: Im Winter am besten bei 8-12° C am Fenster. Steht die Fuchsia bei Temperaturen unter 5° C und an einem dunklen Ort, verliert sie ihre Blätter und hält Winterschlaf. Dann muß man sie relativ trocken halten. Die meisten kleinblütigen Arten können auch etwas wärmer stehen, nämlich bei 12-18° C. Sie benötigen dann viel Licht und frische Luft. Nicht über die Heizung stellen. Im Sommer wenn möglich ins Freie an einen halbschattigen Platz stellen.

Gießen: Im Sommer bei hohen Temperaturen reichlich gießen, sonst gleichmäßig feucht halten. Im Winter bei kühlerem Standort sehr sparsam gießen, jedoch Ballentrockenheit vermeiden.

Düngen: Von Frühjahr bis Herbst alle 14 Tage mit organischem Bonsai-Dünger. Im Winter nicht düngen.

Umtopfen: Alle 1-2 Jahre im Frühjahr mit Wurzelschnitt und gleichzeitigem, starken Rückschnitt der Triebe bis ins alte Holz.

Erde: Indoor-Erde oder Lehm, Torf, Sand 1:1:1. Etwas organischen Pulver-Dünger der Erde beimischen (pro 15 cm Schale einen Teelöffel).

Schneiden: Neuaustrieb ständig auf 1-3 Blattpaare zurücknehmen. Beachten Sie, daß die Fuchsia nur am Neuaustrieb blüht, so daß Sie immer genügend vom Neuaustrieb stehen lassen sollten, wenn Sie Wert auf eine reichliche Blütenpracht legen. Das Schneiden der dickeren Äste und auch die Grundgestaltung können sie das ganze Jahr über vornehmen.

Drahten: Meist nicht nötig, da sich die Pflanze durch Schneiden gut gestalten läßt. Vorsicht beim Drahten, da die Zweige sehr brüchig sind.

Vermehrung: Sehr leicht durch Stecklinge. Wenn Sie von Mai-Juni vermehren, können Sie bis zum Herbst schöne kleine Pflänzchen heranziehen.

Gardenia jasminoides
Gardenie
Familie: Rubiaceae
Krappgewächse
Subtropen

Gardenia jasminoides
Gardenie

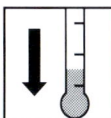

Ein immergrüner Strauch aus China, je nach Art und Herkunft 1-8 m hoch. Tropisch bis subtropisch. Die ledrigen, gegenständigen Blätter sind dunkelgrün, stark glänzend und bilden einen schönen Kontrast zu den wachsartigen, rein-weiß bis cremefarbenen einfachen bis gefüllten Blüten, die sich nach dem Abschließen der Triebe an deren Enden bilden. (Hauptblütezeit Februar-Mai). Sie duften sehr stark und werden bei uns schon ganzjährig als blühende Topfpflanzen verkauft. In China werden Gardenien oft nicht in Erde kultiviert, sondern in mit Wasser gefüllten Schalen angeboten. Als Bonsai, bei uns gezogen, gibt es bei der Pflege einige Probleme. Zu warmer Standort, zu naß, zu hartes Wasser – dies alles führt zum Vergilben oder zum Abwurf der Blätter und Knospen.

Standort: Ganzjährig drinnen an einem hellen Fensterplatz (keine heiße Sonne). Im Winter nicht unter 12° C, dann wenig gießen. Optimal sind 15-18° C. Gardenien dürfen keine kalten und nassen „Füße" haben. Keine trockene Luft, also nicht auf der Heizung überwintern. Kann ab Ende Mai-September an einen halbschattigen Ort im Freien stehen.

Gießen: Mit enthärtetem Wasser (auch Tafelwasser möglich). Immer gleichmäßig feucht halten. Im Winter gilt: je kälter, umso weniger Wasser. Steht die Gardenie zu naß, kann dies zum Vergilben der Blätter führen, auch Blatt- und Knospenabfall sind die Folge.

Düngen: Vom Frühjahr-Herbst alle 14 Tage mit Bonsai-Flüssigdünger oder mit einem Moorbeetpflanzendünger.

Umtopfen: Alle 2 Jahre, je nach Wachstum mit Wurzelschnitt, im Frühjahr nach der Blüte. Für gute Drainage sorgen, um Staunässe zu vermeiden.

Erde: Indoor-Erde oder Lehm, Torf, Sand 1:3:2

Schneiden: Nach der Blüte, April/Mai, ins alte Holz zurückschneiden, dann wachsen lassen, wenn Blüte erwünscht ist. Wird kein Wert darauf gelegt, immer wieder auf 2 Blattpaare zurückschneiden, wenn die Pflanze ca. 6 Blattpaare entwickelt hat.

Drahten: Schon früh bei jungen Pflanzen mit der Gestaltung beginnen, da dann die Äste noch leicht zu biegen sind. Draht entfernen, bevor er die Rinde beschädigt. Die beste Zeit hierfür ist nach der Blüte oder wenn die neuen Triebe ausgereift sind.

Vermehrung: Durch Stecklinge (Juli-August), Bodenwärme begünstigt den Bewurzelungsvorgang.

Haematoxilum campechianum
Inktree; Blutholzbaum
Familie: Leguminosae
Hülsenfrüchte
Tropen

Haematoxilum campechianum

Inktree; Blutholzbaum

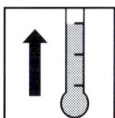

Der Blutholzbaum kommt wahrscheinlich aus Westindien. Er ist ein dorniger Busch, der 6-8 m hoch wird mit knorrigen Ästen, kleinen, glänzenden, gefiederten Blättchen, die sich gegen Abend hochklappen. Die Blüten sind gelblich-weiß, fast unscheinbar und kommen aus den verholzten Blattachseln. Wenn Sie am Stamm oder dickeren Ästen die Rinde etwas abkratzen, tritt ein blutroter Saft aus, der sich dann tiefschwarz einfärbt. Deshalb nennt man den Haematoxilum Blutholz- oder Tintenbaum. Der Neuaustrieb dieses Strauches ist feuerrot, sofern er im Freien bei voller Sonne steht. Die oben erwähnten Dornen wachsen an den Blattachsen oder rechts und links der Blattstiele. Alles in allem ein interessanter Baum, der viel Licht benötigt und im Winter nicht unter 15° C stehen sollte.

Standort: Im Haus bei 15-22° C sehr, sehr hell, nicht unter 15° C im Winter. Kann Ende Mai-September im Freien an einem sonnigen Standort stehen.

Gießen: Generell gilt, immer gleichmäßig feucht halten. Steht er im Winter kühl, etwas weniger gießen. Staunässe ist unbedingt zu vermeiden.

Düngen: Von Mai-September alle 14 Tage mit flüssigem Bonsaidünger, in den Herbst- und Wintermonaten alle vier Wochen.

Umtopfen: Alle 2 Jahre mit Wurzelschnitt im Frühjahr.

Erde: Indoor-Erde oder Lehm, Torf, Sand 1:1:1

Schneiden: Die dicken Äste am besten im März-April; die Neuaustriebe immer wieder auf 1-2 Blätter zurückschneiden, wenn 8-10 Blättchen gewachsen sind.

Drahten: Kurz vor der Hauptwachstumszeit, März-April oder September-Oktober, wenn die neuen Triebe lang genug und leicht verholzt sind. Den Draht rechtzeitig wieder entfernen, um Narben an der Rinde zu vermeiden.

Vermehrung: Durch Stecklinge von Juni-Juli, warmer Standort (25-30° C) wird für das Bewurzeln benötigt, oder aus Samen, der jedoch im Handel nicht erhältlich ist.

Jacaranda mimosifolia
Palisanderbaum
Familie: Bignoniaceae
Bignoniengewächse
Subtropen

Jacaranda mimosifolia
Palisanderbaum

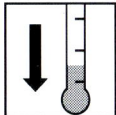

Die Jacaranda ist ein halb immergrüner Baum aus Brasilien, und er wird dort ein riesengroßer Baum mit weiter Krone. Er hat farnartige Blätter (45 cm) und wunderschöne lavendelblaue fast aufrechtstehende Blüten.

Er ist heute in vielen tropischen und subtropischen Ländern zu finden (Teneriffa, Südspanien, Südamerika, Amerika u.a.). Die großen gefiederten Blätter sind die größte Herausforderung für den Bonsaifreund: Am richtigen Standort bei richtigem Schneiden, Wässern und Düngen, können sie auf ca. 6-8 cm Größe reduziert werden. Auch die Fiederung der Blätter wird dann wesentlich feiner.

Standort: Steht er ganzjährig in der Wohnung, wird es schwierig sein, die Blätter klein zu halten. Er liebt einen sehr hellen Platz, viel Luft im Winter nicht unter 12° C. Hat er zu wenig Licht – dies ist in unseren Breitengraden meist im Winter der Fall – wirft er seine Blätter ab, treibt aber im Frühjahr wieder aus. Ende Mai ins Freie an einen halbschattigen bis sonnigen Platz stellen. Im Haus bei 12-22° C im Winter.

Gießen: Am besten das ganze Jahr über gleichmäßig feucht halten. Steht er zu naß, werden seine Blätter gelb und fallen ab. Wird der Ballen trocken, so schrumpfen die Blätter und werden braun. Um die Blätter klein zu halten, sollten sie gezielt gießen, d.h. nur soviel Wasser geben, um das Einrollen und Braunwerden der Blätter zu vermeiden.

Düngen: Von Frühjahr-Herbst alle 14 Tage mit Bonsai-Flüssigdünger. Im Winter nur düngen, wenn er treibt und warm steht.

Umtopfen: Im Frühjahr jedes Jahr mit starkem Wurzelschnitt. Diese Maßnahme reduziert die Größe der Blätter.

Erde: Indoor-Erde oder Lehm, Torf, Sand 2:2:1

Schneiden: Der Neuaustrieb auf 1-2 Blattpaare zurücknehmen, wenn er 4-5 entwickelt hat. Außerdem sollten Sie die großen Blätter während der Hauptwachstumszeit immer wieder entfernen, um kleine zu bekommen. Wenn sich 2 neue Triebe in gleicher Höhe aus den Blattachseln entwickeln, den, der nach innen wächst, ausbrechen. Sie erhalten dadurch eine lichte Krone und die Äste wachsen nach außen.

Drahten: Immer möglich. Um eine gute Baumform zu erreichen, sollten Sie drahten. Junge Triebe aber erst drahten, wenn sie anfangen zu verholzen.

Vermehrung: Durch Samen. Da der Samen der Jacaranda nur begrenzt haltbar ist, sofort aussäen. Nach der Aussaat Samen mit Sand abdecken. Gleichmäßig feucht halten bei über 25° C.

Lagerstroemia indica
Lagerströmie – Krappmyrte
Familie: Lythraceae
Weiderichgewächse
Subtropen

Lagerstroemia indica
Lagerströmie – Krappmyrte

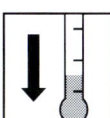

Der laubabwerfende kleine Baum wird in seiner asiatischen Heimat bis zu 8 m hoch. Die elliptischen Blätter haben eine Länge von ca. 2-5 cm. An einem sonnigen Standort werden die neuen Austriebe rötlich und steigern die Schönheit dieses Baumes. Er blüht meist am Ende des einjährigen Triebes in Büscheln von violett bis rosarot im Sommer. Der Stamm hat eine bräunlich glatte Rinde, die, je älter der Baum wird, sich in ein leichtes Rosa verfärbt. Auch die folgenden beiden Arten sind geeignet: Lagerstroemia hirsuta (Indien bis Neu Guinea): Die Blüten-farbe ist purpurrot oder weiß.

Lagerstroemia speciosa (Indien bis Australien): 20 cm hoch, blüht rosa bis rot. Beide sind tropisch und benötigen einen wärmeren Standort.

Da die schön blühende Lagerstroemia sehr viel Sonne und Wärme benötigt, haben wir in unseren Breitengraden nur Erfolg bei einem warmen Sommer. Ist es kühl und regnerisch, bekommt sie leicht Mehltau und keine Blüten.

Standort: Ganzjährig in der Wohnung ist sie nur zu halten, wenn sie an einem sehr sonnigen und luftigen Platz stehen kann (Wintergarten). Am besten Mitte Mai, nach der Frostperiode ins Freie an einen sonnigen, warmen Platz stellen. Im Herbst, vor den ersten Frösten, ins Haus bei 6-10° C (Kalthausklima) stellen. Die tropischen Arten bei 10-15° C überwintern.

Gießen: Im Sommer reichlich, jedoch vor erneutem Gießen leicht antrocknen lassen. Im Winter sehr viel weniger, jedoch nie ganz austrocknen lassen. Ab Mitte Juli, also kurz vor der Knospenbildung, etwas weniger gießen. Dies fördert die Blütenbildung.

Düngen: Vom Frühjahr bis Herbst mit flüssigem Bonsaidünger alle 14 Tage. Im Winter nicht düngen.

Umtopfen: Alle 2 Jahre im Frühjahr kurz vor dem Neuaustrieb mit Wurzelschnitt. Die Schale nicht zu groß wählen.

Erde: Indoor-Erde oder Lehm, Torf, Sand 1:2:1

Schneiden: Wenn der Neuaustrieb 6 Blätter getrieben hat, auf 1-2 Blätter zurück-nehmen. Das gilt für die Gestaltung von jungen Bäumen auch wenn kein Wert auf die Blüte gelegt wird; sonst erst im Herbst nach der Blüte oder im Frühjahr vor dem Neuaustrieb kräftig zurückschneiden auf 1 Auge vom einjährigen Trieb oder bis in altes Holz.

Drahten: Die jungen Triebe der Lagerstroemia verholzen sehr schnell und sind dann sehr brüchig. Sie sollten nicht gedrahtet werden. Erst ab Bleistiftstärke gibt es keine Probleme. Außerdem läßt sich diese Pflanze relativ leicht durch richtiges Zurückschneiden formen.

Vermehrung: Durch Samen (Frühjahr) oder Stecklinge (ab Juni).

Lantana camara
Wandelröschen
Familie: Verbenaceae
Eisenkrautgewächse
Tropen

Lantana camara
Wandelröschen

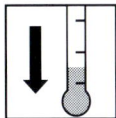

Das Wandelröschen kommt ursprünglich aus Westindien. Auf Ihren Urlaubsreisen in die tropischen und subtropischen Länder können Sie diese kleinen farbigen Büsche in vielen Gärten und Parkanlagen finden. Die Blüten verändern ihre Farbe während der Blütezeit (Sommer) in viele Variationen (rosa, rot, gelb, orange) und entwickeln nach der Befruchtung blau-schwarze Beeren. Blätter, Blüten und Wurzeln riechen streng. Die weiße Fliege bevorzugt diese Pflanze. Ansonsten ist das Wandelröschen anspruchslos und verträgt auch einen starken Rückschnitt.

Standort: Im Sommer ins Freie bei voller Sonne und viel Luft. Im Winter am besten bei 5-8° C überwintern, die Pflanze verträgt jedoch auch einen wärmeren Standort.

Gießen: Im Sommer reichlich, im Winter wenig, jedoch nicht ballentrocken werden lassen.

Düngen: Frühjahr-Herbst alle 14 Tage mit Bonsai-Flüssigdünger. Im Winter nicht düngen, wenn die Pflanze kalt steht.

Umtopfen: Alle 2 Jahre im Frühjahr mit Wurzelschnitt.

Erde: Indoor-Erde oder Lehm, Torf, Sand 1:1:1. Der Erde etwas organischen Pulverdünger beimischen (15 cm-Schale 1 Teelöffel).

Schneiden: Triebe nach der Blüte auf 1 Blattpaar zurückschneiden. Dann ab Frühjahr Triebe einkürzen, wenn sie zu lang geworden sind. Die großen Blätter immer wieder während der Hauptwachstumszeit abschneiden.

Drahten: Achtung! Die Zweige sind sehr brüchig. Vorsichtig drahten, wenn nötig.

Vermehrung: Durch Stecklinge und Samen.

Malpighia coccigera
Kleine Stechpalme
Familie: Malpighiaceae
Malpighiengewächse
Subtropen

Malpighia coccigera
Kleine Stechpalme

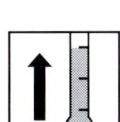

Ein kleiner ca. 1 m hoher Strauch mit glänzendgrünen stacheligen Blättchen, kleinen zartrosa Blüten und roten, erbsengroßen Früchten. Die Blüten wachsen meist aus den Blattachseln der verholzten Triebe. Hauptblütezeit bei uns ist im Frühjahr und Sommer. Sie wird auch „Singapur"-Stechpalme oder „japanische" Stechpalme genannt. Zur Bonsaigestaltung eignet sich auch die Malpighia glabra (Barbados-Kirsche) mit ihren etwas größeren Blättern, Blüten und auch Früchten. Im Gegensatz zu der Malpighia coccigera, deren Blattränder mit kleinen Dornen versehen sind, hat die Malpighia glabra ovale glatte Blätter ohne Dornen. Bei Standort- oder Temperaturwechsel werfen die Malpighien gerne ihre Blätter ab, treiben jedoch rasch erneut aus.

Standort: Ganzjährig an einem hellen Fensterplatz im Haus. Im Winter nicht unter 14° C sonst Blattabfall. Ideal ist ein sehr heller Platz zwischen 18 und 24° C, oder man stellt sie ab Ende Mai ins Freie an einen sonnigen bis halbschattigen Platz. Vor der größten Sonneneinstrahlung in der Mittagszeit schützen.

Gießen: Benötigt viel Wasser. Am besten immer gleichmäßig feucht halten. Wird sie ballentrocken, reagiert die Pflanze mit Laubabwurf.

Düngen: Mit Bonsai-Flüssigdünger wöchentlich düngen. Im Winter, wenn sie treibt, ca. alle 4 Wochen. Sie liebt reichlich Stickstoff. Wenn die Blätter gelblich werden, hilft auch eine Gabe Fetrilon.

Umtopfen: Alle 1-2 Jahre am besten im Frühjahr mit starkem Wurzelschnitt, da sie sehr schnell viele Wurzeln bekommt und auch viel Erde aufbraucht. Nicht zu große Schalen verwenden.

Erde: Indoor-Erde oder Lehm, Torf, Sand 2:1:1

Schneiden: Die neuen Triebe zurückschneiden, wenn sie ca. 5-6 Blattpaare entwickelt haben, und zwar auf 1-2 Blattpaare. Kleine Triebe, die sich im Inneren des Baumes an Stamm und Ästen bilden, immer wieder entfernen. Grundgestaltung am besten kurz vor der Hauptwachstumszeit.

Drahten: Ist immer möglich, wenn die Äste verholzt sind. Dicke Äste lassen sich schwer biegen und reißen auch leicht ein. Also mit der Grundgestaltung schon bei jungen Pflanzen beginnen.

Vermehrung: Ab Mai-September durch Stecklinge, die bei uns zum Wurzeln etwas Bodenwärme benötigen. Auch durch Samen möglich. Diese werden jedoch nicht im Handel angeboten.

Murraya paniculata
Orangenjasmin
Familie: Rutaceae
Rautengewächse
Tropen

Murraya paniculata
Orangenjasmin

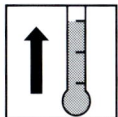

In seiner tropischen Heimat Südchina, Indien und Indonesien wird dieser immergrüne Baum mit seinen unpaarig gefiederten Blättern „Cosmetic bark tree" genannt, da die Rinde zur Kosmetikherstellung verwendet wird. Er hat citrusähnliche, stark duftende weiße Blüten und bildet nach der Befruchtung rote Beeren aus, die nach dem Ausreifen in Erde gelegt, leicht austreiben. Er hat einen kräftigen altaussehenden Stamm, die graubeige Rinde ist glatt. Von diesem Orangenjasmin, der als Bonsai aus Südchina oder Taiwan kommt, gibt es wunderschöne uralte Exemplare.

Standort: Das ganze Jahr über in der Wohnung an einem hellen Fenster bei 16-22° C. Im Winter nicht unter 15° C halten. Er freut sich aber auch im Sommer über einen sonnigen bis halbschattigen Platz im Freien. Steht er in voller Sonne, bekommt er kleine Blätter und einen kompakteren Wuchs. Allerdings werden dann die Blätter etwas gelblich.

Gießen: Während der Hauptwachstumszeit reichlich Wasser geben. Steht er im Winter kühl (15-18° C) vor erneutem Gießen erst leicht antrocknen lassen. Staunässe unbedingt vermeiden.

Düngen: Von April-September alle 14 Tage mit flüssigem Bonsaidünger. Im Winter alle 4-6 Wochen, nur wenn er über 18° C steht und gut wächst.

Umtopfen: Erst umtopfen, wenn der Wurzelballen gut durchwurzelt ist, im Frühjahr mit starkem Wurzelschnitt.

Erde: Indoor-Erde oder Lehm, Torf, Sand 2:2:1

Drahten: Das ganze Jahr über möglich. Junge Triebe erst Drahten, wenn sie verholzt sind. Dicke Äste sind sehr schwer zu biegen, deshalb die Gestaltung mit Draht beginnen, wenn die Äste Bleistiftstärke erreicht haben.

Schneiden: Bei den Ästen immer möglich. Neuaustriebe auf 2-3 Blätter zurückschneiden, wenn er ca. 6 Blätter getrieben hat oder wenn der Neuaustrieb im unteren Bereich mit der Verholzung beginnt. Auch die großen alten Blätter sollten dann entfernt werden.
Blütenansätze beginnen bei uns meist im Juni-Juli und zwar immer an der Triebspitze. Darauf sollten Sie beim Rückschnitt achten, wenn Sie Wert auf Blüten legen.

Vermehrung: Durch Samen. Rote Früchte vom Fruchtfleisch befreien und gleich aussäen oder Stecklinge bei ca. 28° C Bodenwärme ab Juli.

Myrciaria cauliflora
Jabuticaba – Baumstammkirsche
Familie: Myrtaceae
Myrtengewächse
Subtropen – Tropen

Myrciaria cauliflora
Jabuticaba –
Baumstammkirsche

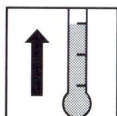

Die Baumstammkirsche stammt aus Brasilien und ist dort ein bis zu 10-12 m hoher, sehr beliebter Obstbaum. Sein Verbreitungsgebiet erstreckt sich bis nach Kolumbien, Paraguay und Argentinien. Vereinzelt ist er auch in Florida anzutreffen. Er wächst baumartig und verzweigt sich schon dicht über dem Boden.
Die Rinde ist glatt, meist lebhaft braun-grau gefleckt. Seine frischgrünen, länglich ovalen Blätter sind im Neuaustrieb, sofern genügend Licht vorhanden, leicht rosa. Die weißen Blüten wachsen direkt an Stamm und Ästen und bilden danach 1-2 cm große, glänzende, bräunlich-violette, kirschförmige Früchte aus; daher kommt auch der Name Baumstammkirschen. In dem weißlichen Fruchtfleisch befinden sich 1-4 kleine, rosa Samenkerne, die leicht keimen, sofern sie sofort ausgesät werden. In ihrer Heimat werden die leicht säuerlichen Früchte gerne frisch gegessen oder zu Marmelade verarbeitet.

Standort: Ganzjährig an einem hellen Fenster im Haus oder im Frühjahr (Ende Mai bis Ende September) ins Freie an einen leicht schattigen Platz. Im Winter bei 16-24° C (nicht unter 12° C).

Gießen: Im Sommer reichlich, im Winter weniger gießen. Am besten immer gleichmäßig feucht halten.

Düngen: Ab März bis Ende August alle 14 Tage mit flüssigem Bonsaidünger, danach nur alle 6 Wochen; liebt keine allzu hohen Düngersalzkonzentrationen.

Umtopfen: Am besten im Frühjahr alle 2 Jahre mit leichtem Wurzelschnitt.

Erde: Indoor-Erde oder Lehm, Torf, Sand 1:2:2

Schneiden: Neuaustriebe immer auf 2-4 Blattpaare zurückschneiden, wenn sich 6-8 Paare entwickelt haben. Starker Rückschnitt oder Entfernen von Ästen ist das ganze Jahr über möglich. Die beste Zeit ist jedoch das Frühjahr.

Drahten: Da diese Pflanze von Natur aus baumähnlich wächst, ist das Drahten kaum nötig. Wenn gedrahtet wird, dann nur verholzte Äste.

Vermehrung: Durch Samen der Früchte, Jabuticaba vom Feinkostgeschäft oder aus Stecklingen ab Juni.

Olea europaea
Ölbaum, Olive
Familie: Oleaceae
Ölbaumgewächse
Subtropen

Olea europaea
Ölbaum, Olive

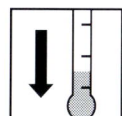

Schon immer war der Ölbaum in den Mittelmeerländern eine wichtige Kultur- und Heilpflanze, deren Früchte (Oliven) zur Herstellung von Speiseöl, das Holz der Stämme zum Bauen und Drechseln verwendet wurde. Auch die Oliven sind bis heute eine Delikatesse und werden auf der ganzen Welt geschätzt. Die Bäume, die uralt werden können, haben dann meist einen aufgerissenen, auseinandergeborstenen Stamm, der wie ein bizarr geformter Fels aussieht. Die länglichen, silbrig-grünen und weidenähnlichen Blätter sind ledrig und setzen in ihren Blattwinkeln kleine gelblich-weiße Blüten an. Nach der Befruchtung bilden sich, je nach Sorte, grüne oder blau-schwarze Oliven, die dann bis September-Oktober ausreifen und geerntet werden.

Standort: Ganzjährig drinnen an einem hellen, sonnigen Fensterplatz oder ab Ende Mai draußen an einem sonnigen Platz. Im Winter hell, luftig. Ideal bei Temperaturen von 6-12° C; auch höhere Temperaturen bis 18° C möglich, dann aber Nachtabsenkung nicht vergessen.

Gießen: Im Sommer wie im Winter erst leicht antrocknen lassen, dann kräftig gießen. Dieser Vorgang muß, je heller und wärmer die Pflanze steht, umso häufiger vorgenommen werden.

Düngen: Von April-September alle 14 Tage mit flüssigem Bonsaidünger. Eine Gabe organischen Pulverdüngers im Mai auf die Erde streuen (15 cm-Schale 1 Teelöffel).

Umtopfen: Alle 2 Jahre im Frühjahr mit Wurzelschnitt.

Erde: Indoor-Erde oder Lehm, Torf, Sand 2:1:1

Schneiden: Äste immer; aber nicht zu stark zurückschneiden, da Ölbäumchen sonst schwer wieder austreiben. Neuaustrieb auf 8 Blattpaare wachsen lassen, dann auf 2 Blattpaare einkürzen; oder die neuen Triebe lang wachsen lassen und nach deren Verholzung drahten und in Form biegen.

Drahten: Äste immer möglich, Triebe, wenn sie verholzt sind. Mit dem Gestalten bei jungen Pflanzen beginnen, da nur dünne Ästchen sich leicht biegen lassen.

Vermehrung: Durch halbausgereifte Stecklinge von Juni-September an einem warmen Platz. Am einfachsten in einem Glas mit Wasser bewurzeln oder durch Samen (Olivenkerne) bei ca. 20° C.

Pistacia lentiscus
Pistazienbaum
Familie: Anacardiaceae
Pistaziengewächse
Subtropen

Pistacia lentiscus
Pistazienbaum

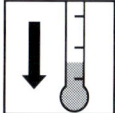

Die Heimat der Pistazienbäume ist wohl Zentralasien, sie sind aber schon seit vielen tausend Jahren im Nahen Osten und im östlichen Mittelmeerraum bekannt, hauptsächlich wegen ihrer Nüsse, der Pistazien, die auch Syrische, Sizilianische und Alepponüsse genannt werden. Der Pistazia vera ist ein immergrüner, bis zu 10 m hoher Baum mit graugrünen Fiederblättern, aus deren Blattachseln unscheinbare, braungrüne Blütentrauben wachsen.Die Früchte sind etwa 3 cm lang und meist 3-kantig; im Kapselinneren liegen die hellgrünen Pistazienkerne. Die Pflanze ist zweihäusig, das bedeutet, daß eine männliche und weibliche Pflanze vorhanden sein muß, damit Früchte entstehen. Die Pflege der Pistazien-Bonsai ist sehr einfach, da die Bäumchen anspruchlos sind. Etwas schwieriger ist das Formen ohne Drahten, da die Äste sehr gerade wachsen.

Standort: Im Sommer im Freien am besten in voller Sonne. Die Pflanze bekommt dann einen schönen rötlichen Austrieb; sie verträgt im Freien jedoch auch leichten Schatten. Im Herbst bei Temperaturen unter 12° C wieder ins Haus nehmen, an einen hellen Fensterplatz bei 10-12° C. Auch wärmere Temperaturen von 12-18° C sind möglich. Steht das Bäumchen unter 10° C, wird es seine Blätter abwerfen, eine Ruhepause einlegen und im Frühjahr erneut austreiben.

Gießen: Die Pistazie benötigt, wie alle Pflanzen mit lederartigen Blättern, nicht allzu viel Wasser. Bevor Sie gießen oder die Pflanze tauchen, Erde immer leicht antrocknen lassen. Im Winter, wenn sie kühl steht, kaum gießen, nur soviel, daß sie nicht vertrocknet.

Düngen: Von April bis September mit flüssigem Bonsai-Dünger alle 2-4 Wochen. Im Winter nicht düngen.

Umtopfen: Alle 2 Jahre im Frühjahr mit Wurzelschnitt. Wenn Sie die Schale nicht zu groß wählen, reduzieren Sie dadurch das Erdreich und erreichen ein etwas schwächeres Wachstum; die Triebe bleiben kürzer.

Erde: Am besten fertige Bonsai-Erde oder Lehm, Torf, Sand 1:1:1

Schneiden: Äste am besten in der Hauptwachstumszeit. Die neuen Triebe immer wieder auf 2 Blätter zurücknehmen, wenn sie 6-8 Blätter getrieben haben. Blätter, die im unteren Astbereich wachsen, immer wieder entfernen.

Drahten: Beim Pistazienbaum ist meist nur durch Drahten eine elegante Form zu erreichen. Gedrahtet wird ab Juli bis Oktober.

Vermehrung: Durch Pistazienkerne und Stecklinge. Aus einem Mittelmeer-Urlaub frische Pistazienkerne mitbringen. Geröstet sind die Kerne nicht mehr keimfähig. Ausgereifte Stecklinge ab Ende Juni/Juli stecken.

Podocarpus macrophyllus 'Maki'
Steineibe
Familie: Podocarpaceae
Steineibengewächse
Subtropen

Podocarpus macrophyllus 'Maki'

Steineibe

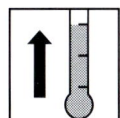

Podocarpus macrophyllus wird in seiner Heimat China und Japan die „Kiefer der Buddhisten" genannt. Sie wird ca. 10-15 m hoch und hat dunkelgrüne, eiben-ähnliche Nadeln. Die weiblichen Blüten wachsen aufrecht und sehen wie Weiden-kätzchen aus; die Beeren sind bläulich-purpurrot.

Im Gegensatz zu der obengenannten Art, ist die Podocarpus macrophyllus 'Maki' meist nur in China zu finden; sie heißt dort „China-Eibe", hat wesentlich kürzere Nadeln, wächst kompakter und die ovalen, fleischigen Früchte sind bläulich-grün bis purpurfarbig. Sie gehören zu den immergrünen Nadelbäumen und lassen sich zu schönen Bonsai gestalten. Sie sind außerdem sehr robust und auch mit weniger Licht zufrieden.

Standort: In der Wohnung an einem hellen Fensterplatz; verträgt aber auch einen etwas dunkleren Standort. Im Winter bei 16-20° C, nach Möglichkeit nicht über der Heizung. Ab Ende Mai-September im Freien an einem leicht schattigen Platz.

Gießen: Da die schmalen, ledrigen Nadeln nicht allzuviel Wasser verdunsten, wenig gießen, jedoch nicht ballentrocken werden lassen.

Düngen: Vom Frühjahr-Herbst alle 14 Tage mit flüssigem Bonsaidünger; im Winter alle 4-6 Wochen.

Umtopfen: Im Frühjahr mit Wurzelschnitt, wenn der Wurzelballen stark verwurzelt ist, ca. alle 2-3 Jahre.

Erde: Indoor-Erde oder Lehm, Torf, Sand 1:1:1

Schneiden: Schneiden und Gestalten immer möglich. Neuaustrieb auf 2-4 cm zurückschneiden, wenn 6-10 cm gewachsen sind oder Triebe wachsen lassen und nachdem sie verhärtet sind (August-September) drahten und dann in den nach-folgenden Jahren Astpolster ausbilden.

Drahten: Ab August-März, wenn die Triebe verhärtet bzw. verholzt sind. Achtung: keine Nadeln mit eindrahten.

Vermehrung: Durch Samen oder ausgereifte Stecklinge von Juli-August.

Portulacaria afra
Elefantenstrauch
Familie: Portulacaceae
Portulacariagewächse
Trockene Subtropen

Portulacaria afra
Elefantenstrauch

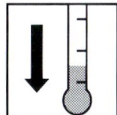

Portulacaceae kommen aus den Trockengebieten Südafrikas und sind Sukkulenten, das heißt, sie sind in der Lage, in ihren fleischigen Stämmen, Ästen und Blättern für lange Zeit Wasser zu speichern. Die Elefantensträucher werden ca. 3 m hoch, haben dicke, rundliche, 2 cm große Blätter und zierliche hellrosa Blüten. Sie sind sehr anspruchslose Pflanzen, die sich vor allem für Bonsaifreunde eignen, die oft verreist sind oder mit dem Gießen Probleme haben. Diese Bäumchen kommen bis zu 4 Wochen ohne Wasser aus und nehmen dabei keinen Schaden; auch das Gestalten ist sehr einfach. Ein Bonsai, der für den Anfang gut geeignet ist.

Standort: Ganzjährig im Haus an einem hellen Südfenster. Im Sommer viel Luft. Sobald kein Frost mehr zu erwarten ist, ins Freie in die volle Sonne stellen; auch im Halbschatten möglich. Steht die Pflanze in der Sonne, bleiben ihre Triebe kompakt und die Blätter klein. Am besten bei 10-16° C überwintern; auch 16-22° C sind möglich, dann aber für Nachtabsenkung der Temperatur sorgen.

Gießen: Erst gießen, wenn die Erde gut trocken geworden ist, da die Pflanze sehr wenig Wasser braucht. Wenn die Pflanze im Winter kühl steht, ist Gießen oft nur alle 4 bis 8 Wochen nötig.

Düngen: Von Mai-September alle 4 Wochen mit Bonsai-Flüssigdünger. Im Winter nicht düngen.

Umtopfen: Immer möglich, alle 2 Jahre mit Wurzelschnitt. Ideal im späten Frühjahr.

Erde: Indoor-Erde oder Lehm, Torf, Sand 2:1:2

Schneiden: Äste von April bis August. Neuaustriebe immer wieder auf 1-2 Blattpaare zurückschneiden, wenn sie 4-5 Blattpaare gebildet haben (bis Ende August) Alle Triebe, die direkt an Stamm und inneren Ästenbereich wachsen, immer wieder ganz entfernen, um eine klare Form zu erhalten.

Drahten: Am besten Juli-August. Vorsichtig drahten, da die Rinde empfindlich ist, und die Äste relativ leicht brechen.

Vermehrung: Gut möglich durch Stecklinge. Die 6-15 cm langen Stecklinge nach dem Schneiden ca. 14 Tage liegen lassen, dann in ein trockenes Sand-Torf-Gemisch stecken und erst wässern, wenn sie kleine Wurzeln gezogen haben.

Psidium guajava
Apfelguave
Familie: Myrtaceae
Myrtengewächse
Tropen

Psidium guajava
Apfelguave

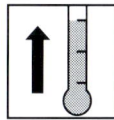

Die Apfelguave, ursprünglich in den tropischen Zonen Amerikas beheimatet, ist heute in fast allen warmen Gebieten verbreitet. Sie wird dort bis zu 8 m hoch, hat eine hell-bis dunkelbraune Rinde, die sich immer wieder in kleinen Stückchen ablöst. Die jungen Triebe sind vierkantig; die ovalen, auf ihrer Unterseite flaumig behaarten Blätter gegenständig. Die ca. 2 cm großen, weißen Blüten wachsen aus den Blattachseln. Die birnenförmigen Früchte sind etwa 4-10 cm groß und reich an Vitamin A und C. Sie eignen sich hervorragend für Saft und Marmelade.

Standort: Im Sommer im Freien bei voller Sonne und viel Wärme, nicht zugig; oder im Haus, so hell wie möglich. Im Winter hell bei 12-18° C.

Gießen: Während der Wachstumszeit gleichmäßig feuchthalten. Da der Bonsai im Winter seine Blätter behält, muß auch zu dieser Jahreszeit etwas gegossen werden. Beachten Sie jedoch: je kühler der Baum steht, desto weniger Wasser benötigt er. Staunässe vermeiden!

Düngen: 1 x monatlich mit Bonsai-Dünger während der Wachstumszeit. Im Winter mit dem Düngen aussetzen.

Umtopfen: Alle 2 Jahre im März/April, bzw. dann, wenn Ihr Bäumchen im Frühjahr beginnt, auszutreiben.

Erde: Indoor-Erde oder Lehm, Torf, Sand 1:3:1 Achtung: Erde muß wasserdurchlässig sein, um Staunässe zu vermeiden.

Schneiden: Äste vor dem Neuaustrieb schneiden. Bei jungen Bäumchen wird der Neuaustrieb immer wieder auf 2-3 Blattpaare zurückgeschnitten, wenn sich 5 Blattpaare gebildet haben. Bei älteren Pflanzen wiederholt auf 1 Blattpaar zurücknehmen, nachdem 3 Blattpaare gewachsen sind. Wenn die Pflanze sehr wuchsfreudig ist, können auch die größten Blätter immer wieder abgeschnitten werden.

Drahten: Wenn nötig erst dann, wenn die Triebe leicht verholzt sind.

Vermehrung: Durch Samen oder durch Stecklinge bei ca. 25° C; Keimdauer etwa 3 Wochen.

Punica granatum 'nana'
Granatapfelbaum
Familie: Punicaceae
Granatapfelgewächse
Subtropen

Punica granatum 'nana'
Granatapfelbaum

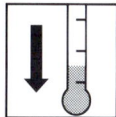

In Ägypten waren sie schon 2500 v. Chr. bekannt. Auch im alten Testament wurden die Punica mehrmals erwähnt. Sie sind heute in allen subtropischen, zum Teil auch in tropischen Klimazonen zu finden. Bei uns sind zwei Arten dieser Familie als Topfpflanzen erhältlich: Punica granatum und Punica granatum 'nana'. Beide eignen sich hervorragend zur Bonsaigestaltung. Die letztere ist die kleinste Version. Sie wird ca. 1,5 m hoch, verzweigt sich reichlich und hat kleine, myrtenähnliche, lebendig grüne Blättchen, die sie im Winter abwirft, orangerote Blüten, die von Juni-September an den Triebspitzen erscheinen. Die Früchte sind die berühmten Granatäpfel, deren Fruchtfleisch säuerlich schmeckt und welches in vielen südlichen Ländern zu einem herrlich erfrischenden Punica-Saft verarbeitet wird. Wenn Ihr Granatapfel-Bonsai reichlich Früchte trägt, so sollten Sie, je nach Größe des Baumes, nur zwei bis drei Früchte belassen und die anderen entfernen, um die Pflanze nicht allzusehr zu schwächen.

Standort: Steht er immer in der Wohnung, muß er im Sommer einen luftigen, sonnigen Platz haben. Im Winter ist ein kühler Standort (Treppenhaus oder ungeheizter Raum) bei 6-10° C, besser noch darunter, zu empfehlen. Bekommt er keine Winterruhe und steht zu warm, werden die Triebe dünn und schwach. Ideal ist ein sonniger Standort ab Ende Mai im Freien; nach dem Abwerfen der Blätter (Ende Oktober) wieder ins Haus nehmen.

Gießen: Im Sommer benötigt er reichlich Wasser, jedoch vor erneutem Gießen leicht antrocknen lassen. Im Winter, wenn er kühl steht (6-10° C), weniger gießen, aber nicht ballentrocken werden lassen.

Düngen: Vom Frühjahr bis Ende August alle 14 Tage mit flüssigem Bonsaidünger; während der Ruhezeit nicht düngen. Nur wenn er im Winter warm steht, alle 6 Wochen düngen.

Umtopfen: Alle 2 Jahre vor dem Neuaustrieb im Frühjahr mit Wurzelschnitt, aber erst, wenn der Erdballen gut durchwurzelt ist.

Erde: Indoor-Erde oder Lehm, Torf, Sand 1:1:1

Schneiden: Punica können das ganze Jahr über geschnitten werden. Neuaustriebe, nachdem sie 8-10 Blattpaare gebildet haben, immer wieder auf 1-3 Blattpaare zurücknehmen. Alle Triebe, die nach innen oder senkrecht nach oben wachsen, immer wieder entfernen, um eine klare Krone zu bekommen. Achtung: Möchten Sie das Bäumchen blühend, dann letzter Rückschnitt Ende März/Anfang April.

Drahten: Nur Äste ab halber Bleistiftstärke sollten gedrahtet werden; am besten nach der Blüte oder vor dem Neuaustrieb.

Vermehrung: Durch Samen, den man zuvor 24 Stunden vorquellen läßt, in Torf-Sand-Gemisch aussäen und anschließend dick mit Erde abdecken (20-30° C) oder durch noch nicht verholzte Stecklinge von Juni-August.

Rhododendron simsii
Azalee
Familie: Ericaceae
Heidekrautgewächse
Subtropen

Rhododendron simsii
Azalee

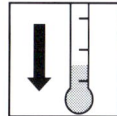

Diese Azaleen haben ihre Heimat in den feuchten Gegenden Südchinas und entlang des Yangtze-Flusses. Es gibt hunderte Sorten mit einer Vielfalt von Farben, Blüten und Wuchsformen. Wir kennen diese immergrünen Azaleen mit ihren glänzenden, hell- bis dunkelgrünen Blättern, die meist von November bis Anfang Mai blühend vom Handel angeboten werden. In China und Japan haben die Pflanzen schon eine lange Bonsaitradition. Es gibt dort sogar einige Vereine, die sich nur diesen Azaleen-Bonsai widmen.

Standort: Der beste Standort ist von Ende Mai bis kurz bevor die Frostperiode beginnt im Freien an einem leicht schattierten, kühlen Platz. Danach bei ca. 6-12° C hell und luftig im Haus (Wintergarten). Hat er Knospen angesetzt, kann er im Januar etwas wärmer bei 15-22° C gestellt werden. Nach der Blüte kommt die Azalee wieder ins Freie. Ganzjährig im Haus gedeiht er nur, wenn für viel Luft, Licht und nicht zu hohe Temperaturen gesorgt werden kann.

Gießen: Reichlich im Sommer, vor allem in der Blütezeit mit kalkarmem Wasser (Selterswasser); sonst immer gleichmäßig feucht halten. Azaleen sollten nie ballentrocken werden.

Düngen: Wenn Ihre Azaleen verblüht sind, alle 14 Tage bis August mit flüssigem Moorbeetpflanzendünger. Im Winter nicht und während der Blütezeit nur dann düngen, wenn die Pflanze hungrig ist, was sich durch gelbliche Blätter zeigt.

Umtopfen: Nach der Blüte alle 2 bis 3 Jahre mit leichtem Wurzelschnitt. Für gute Drainage sorgen.

Erde: Der Indoor-Erde sauren Torf 1:1 zumischen oder Lehm, Torf, Sand 1:4:2. Außerdem wird im Bonsaihandel fertiges Azaleensubstrat aus Japan angeboten (pH-Wert 4,2).

Schneiden: Äste können Sie das ganze Jahr über entfernen. Die frischgrünen Triebe, die sich um die Blütenknospen bilden, sollten alle ausgebrochen werden (nach unten wegziehen), sonst trocknen die Knospen ab. Nach der Blüte, Blütenreste entfernen, warten bis neue Triebe sprießen, wenn diese 3-4 cm lang geworden sind, bis ins alte Holz zurückschneiden (Polster ausbilden). Die neuen Triebe setzen dann im Herbst am Ende der Triebe ihre Knospen an. Wird auf Blüten kein Wert gelegt, werden die neuen Triebe auf 1-2 Blattpaare zurückgeschnitten, sobald sie 6-8 Blattpaare entwickelt haben.

Drahten: Nach der Blüte ist die beste Zeit, Ihr Bäumchen zu drahten. Achten Sie jedoch beim Biegen darauf, daß die Zweige sehr brüchig sind.

Vermehrung: Durch Stecklinge, jedoch relativ schwierig. Am besten kaufen Sie sich eine Azalee im Fachhandel und gestalten diese Topfpflanze zum Bonsai.

Rosmarinus officinalis
Rosmarin
Familie: Labiatae
Lippenblütler
Subtropen

Rosmarinus officinalis
Rosmarin

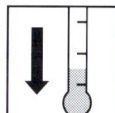

Der immergrüne Strauch ist den Mittelmeerländern zu Hause und wird dort ca. 1,5 m hoch. Seine nadelförmigen, etwas ledrigen, dunkelgrünen, auf der Unterseite silbrigen Blätter, sind aromatisch und als Rosmaringewürz bekannt. Im Handel findet man Rosmarin auch als Staudenpflanze. Im Haus ist dieser Strauch schwierig zu halten, er sollte daher unbedingt im Sommer ins Freie. In seiner Heimat blüht er fast das ganze Jahr über. Die Blütenfarbe ist hellblau. Die schöne, interessante, faserige Rinde, die sich teilweise immer wieder ablöst, läßt den Bonsai schon in jungen Jahren uralt aussehen.

Standort: Im Haus nur hell überwintern bei 5-8° C. Sobald die Frostgefahr vorüber ist, draußen in die volle Sonne stellen.

Gießen: Im Winter während der Ruhepause mehr trocken halten, jedoch nie ganz austrocknen lassen. Im Sommer etwas mehr gießen, aber bei kühlem Wetter aufpassen und nicht zu naß halten, sonst reagiert er mit Absterben der Triebe und oft ganzer Äste. Keine Staunässe!

Düngen: Im Winter nicht düngen. Von Frühjahr bis September regelmäßig alle 3 Wochen mit Bonsai-Flüssigdünger.

Umtopfen: Alle 1-2 Jahre mit Wurzelschnitt vor dem Neuaustrieb.

Erde: Bonsai-Erde oder Lehm, Torf, Sand im Verhältnis 1:1:2 mischen. Bei ca. 20 cm großer Schale 1 Teelöffel Kalk beimischen.

Drahten: Um den etwas steif wachsenden Zweigen eine schöne Form zu geben, kann man auf das Drahten nicht ganz verzichten. Die Äste sollen jedoch nicht mehr als eine halbe Bleistiftstärke haben, da sie sonst kaum noch zu formen sind und außerdem leicht brechen. Drahten von August-September.

Schneiden: Die Äste können das ganze Jahr über geschnitten werden. Die neuen Triebe immer wieder auf die gewünschte Länge einkürzen, wenn sie ca. 5 cm gewachsen sind. Die Äste können bei Rosmarin durch wiederholtes Einkürzen der Triebe zu schönen Astpolstern ausgebildet werden.

Vermehrung: Am besten durch Stecklinge von Juni-August.

Sageretia theezans
Sageretie
Familie: Rhamnaceae
Kreuzdorngewächse
Subtropen

Sageretia theezans
Sageretie

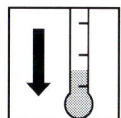

Die Sageretie ist ein rankender Strauch, der in Südchina heimisch ist und dort im Winter, je nach Standort, einen Teil seiner Blätter verliert. Die bis zu 2 m langen Ranken bilden Dornen aus. Die glänzenden Blättchen sind fingernagelgroß und von einem frischen Grün. Die Blüten sind unscheinbare, weißliche Rispen, die jedoch nur ansetzen, wenn die Sageretien nicht zurückgeschnitten werden. An ihnen erscheinen im Herbst kleine, grüne Beeren. Bevor sie abfallen, färben sie sich schwarzblau. Die Farbe der Rinde ist bräunlich. Je älter der Baum wird, zeigt sie sich lebhaft gefleckt, ähnlich der Platanen. Zur Bonsaigestaltung eignet sich die Sageretie hervorragend, da sie sehr wuchsfreudig ist, und die Proportionen von Blatt, Stamm und Ästen optimal sind. Sie verträgt einen starken Rückschnitt und verzweigt sich gut. Bei einem zu warmen Standort im Winter mit zu wenig Luft in der Wohnung bekommt sie leicht Mehltau, gelbliche Blätter und Befall von weißer Fliege.

Standort: Im Haus an einem hellen, luftigen Fensterplatz. Im Winter nicht auf die Heizung stellen; ideal bei 12-18° C. Sie kann jedoch auch bei 2-8° C überwintern. Sie wird dann alle oder einen Teil ihrer Blätter verlieren (Ruhepause) und treibt dann wieder im Frühjahr aus. Steht sie bei 18-24° C muß für viel Luft und Licht gesorgt werden.

Gießen: Während der Wachstumszeit, vor allem im Sommer, reichlich gießen, jedoch Staunässe vermeiden. Im Winter sollten Sie Ihre Sageretie leicht antrocknen lassen, bevor erneut gegossen wird.

Düngen: Mit flüssigem Bonsaidünger alle 14 Tage. Im Winter nur bei warmem Standort einmal monatlich.

Umtopfen: Am besten im Frühjahr, meist nach 1-2 Jahren, wenn der Baum gut durchgewurzelt ist, mit Wurzelschnitt.

Erde: Indoor-Erde oder Lehm, Torf, Sand 2:2:1

Schneiden: Schneiden und Gestalten das ganze Jahr über möglich. Neuaustrieb auf 2-3 Blätter zurückschneiden, wenn er verhärtet ist oder ca. 12 Blätter bzw. Blattpaare getrieben hat.

Drahten: Immer dann, wenn die Äste und Triebe verholzt sind. Früh mit der Gestaltung beginnen, denn wenn die Äste zu dick sind, lassen sich diese nicht mehr biegen.

Vermehrung: Durch Stecklinge von Juni-August oder durch Samen.

Schefflera arboricola
Lackblatt
Familie: Araliaceae
Araliengewächse
Subtropen

Schefflera arboricola
Lackblatt

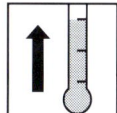

Im Gegensatz zu der aus den Subtropen stammenden Schefflera arboricola kommt die Schefflera actinophylla aus tropischen Gefilden; sie hat schirmgroße, strahlenförmig geteilte, langstielige Blätter und deshalb wird sie auch Regenschirm-Baum genannt. Sie wir in ihrer Heimat, je nach Standort, 15-30 m hoch, hat wunderschöne, dichte Blütendolden mit fleischigen weinroten Blütenblättern, auf die wir leider in unseren Klimazonen verzichten müssen. Die Schefflera arboricola ist wesentlich kleiner, ihre Bläter sind ca. 20 cm im Durchmesser und feiner geteilt. Die aufrechtstehenden Blütendolden haben orangerot bis schwärzliche Beeren. Beide Sorten eignen sich gut für die Bonsaigestaltung. Sie sind sehr robust und kaum umzubringen, sofern sie nicht übergossen werden. Das Stämmchen bleibt zunächst verhältnismäßig dünn und verzweigt sich auch nicht zu einer Baumkrone wie andere tropische Sträucher. Die Schefflera wird oft auch als Felsenbonsai gezogen, da sie mangrovenartige Wurzeln ausbildet. Hat der Stamm die gewünschte Höhe erreicht, wird die Spitze des Triebes abgeschnitten, also „geköpft". Daraufhin bildet die Pflanze neue Triebe aus. Durch wiederholtes Köpfen kann man erreichen, daß sich die Schefflera verzweigt und kompakt bleibt.

Standort: Ein ganzjähriger Fensterplatz in der Wohnung, so hell wie möglich, denn je heller, desto kürzer bleiben die Blattstiele und desto kleiner werden die Blätter. Ideale Temperaturen: 18-22° C, nicht unter 15° C halten. Scheffleren können auch auf der Heizung stehen. Steht die Schefflera zu dunkel, bekommt sie sehr lange Blattstiele. Wird sie zu feucht gehalten, entwickelt sie große Blätter und es kommt leicht zur Wurzelfäule. Wenn im Frühjahr die Temperaturen über 15° C steigen, bei voller Sonne ins Freie stelle (langsam ans Freie gewöhnen). Im Herbst, wenn die Temperaturen unter 15° C sinken, wieder ins Haus nehmen.

Gießen: Um kurze Internodien und kleine Blätter zu bekommen sowie die Pflanze gesund zu halten, sollten Sie so wenig wie möglich gießen; jedoch nicht austrockenen lassen.

Düngen: Alle 4 Wochen mit flüssigem Bonsaidünger. Zuviel Stickstoff führt zu großen Blättern.

Umtopfen: Alle 2 Jahre im Frühjahr mit kräftigem Wurzelschnitt. Beim Umtopfen auch alle großen Blätter entfernen.

Erde: Indoor-Erde oder Lehm, Torf, Sand 1:1:1

Schneiden: Wenn die Triebe die gewünschte Länge erreicht haben, die Triebspitzen abschneiden. Zugleich auch die verbleibenden großen Blätter entfernen. Blattstiele stehenlassen; sie fallen nach ca. 4 Wochen von alleine ab. Bei älteren Bäumen, vorausgesetzt sie haben genügend Luftfeuchte, bilden sich Luftwurzeln, die den exotischen Charakter erhöhen.

Drahten: Ist möglich, wenn der Trieb noch grünlich, also noch nicht ganz verholzt ist. Jedoch ist Vorsicht beim Drahten nötig, damit die Rinde nicht verletzt wird.

Vermehrung: Durch Samen: sofort nach Erhalt des Saatgutes aussäen, bei ca. 20-30° C, da dieses nicht lange keimfähig ist. Samen mit Sand oder Erde zudecken.

Serissa foetida
Junischnee
Familie: Rubiaceae
Krappgewächse
Subtropen

Serissa foetida
Junischnee

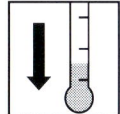

„Baum der 100 Sterne", „Junischnee" oder „Strauch der starken Düfte", so wird er in seiner Heimat China genannt. Das sind schöne, passende Namen für dieses blühwillige Bäumchen, das dort strauchartig wächst und ungefähr 0,5-1,0 m hoch wird. So wie die Chinesen dieser Pflanze diese poetische Namen geben, findet man in China auch Gärten mit wunderschönen Bezeichnungen wie: Garten des verständnisvollen Beamten, Garten des himmlischen Friedens oder Garten der Politik des einfachen Mannes. Die Hauptblütezeit der Serissa ist Juni; bei uns jedoch, je nach Lichtintensität und Rückschnitt setzt die Serissa zwei- bis dreimal im Jahr Blüten an. Es gibt eine Vielzahl von Blütenfarben und -formen (rosa, weiß, gefüllt, einfach mit gezackten oder glatten Blütenblättern). Es gibt Serissa mit grünen Blättern, mit gelben Blattadern und Blatträndern. Unverkennbares Merkmal für den „Strauch der starken Düfte" ist der durchdringende Geruch, der beim Schneiden der Wurzeln oder Triebe entsteht. Daher auch der Name S. foetida – das ist lateinisch und bedeutet „die Stinkende". Die kleinen Blüten wachsen aus den Triebspitzen, wenn diese ihr Längenwachstum abgeschlossen haben. Die Blühwilligkeit wird erhöht, wenn die abgeblühten Blüten sofort ausgezupft werden. Die Serissa hat ein interessantes Wurzelwerk. Dies können wir ausnützen, indem wir den oberen Teil des Wurzelballens freilegen und so eine Wurzelstamm-Form gestalten.

Standort: In der Wohnung an einem hellen, luftigen Fensterplatz; im Winter nicht über die Heizung stellen, da sonst die Blätter abfallen. Sie sollten bei ca. 18-20° C, besser darunter, stehen. Die Pflanze kann ab Ende Mai-Ende September im Freien an einem sonnigen bis halbschattigen Standort stehen.

Gießen: Im Sommer bei warmem Wetter benötigt die Pflanze reichlich Wasser. Grundregel jedoch ist, sowohl im Sommer als auch im Winter, immer leicht feucht halten. Achtung: keine Staunässe, sonst faulen die feinen Wurzeln und es kommt zu Blattabfall und zum Absterben der Äste.

Düngen: Vom späten Frühjahr-Herbst mit organischem Flüssigdünger; im Winter alle 4-6 Wochen bei warmem Standort.

Umtopfen: Alle 2 Jahre im März mit leichtem Wurzelschnitt.

Erde: Indoor-Erde oder Lehm, Torf, Sand 1:1:1

Schneiden: Grundsätzlich ist das Schneiden der Triebe und Äste immer möglich, wenn nötig. Die neuen Triebe auf 1-2 Blattpaare zurücknehmen, wenn sie 4-8 Blattpaare erreicht haben. Um das Bäumchen kompakt zu halten, ist es alle 1-2 Jahre nötig, einen Rückschnitt bis ins alte Holz vorzunehmen. Achten Sie darauf, daß Sie alle Ästchen, die nach innen oder senkrecht nach oben wachsen, ganz entfernen.

Drahten: Immer, wenn die zu drahtenden Äste verholzt sind. Die neuen Triebe werden, nachdem sie die gewünschte Länge erreicht haben und gut verholzt sind (meist August-September) gedrahtet.

Vermehrung: Sehr leicht durch ca. 10 cm lange Stecklinge im Wasserglas ab Juni.

Tamarindus indica
Tamarinde
Indischer Dattelbaum
Familie: Leguminosae
Hülsenfrüchte
Feuchte Tropen

Tamarindus indica

Tamarinde

Indischer Dattelbaum

Der Tamarindenbaum kommt ursprünglich aus Afrika. Von dort gelangte er nach Indien, später nach Arabien und Persien. Er wird in fast allen tropischen Ländern als Schatten- und Fruchtbaum gepflanzt. Der immergrüne Baum erreicht eine Höhe bis zu 25 m , bekommt einen starken Stamm mit kleinborkiger Rinde. Die hellgrünen, duftigen Blätter haben 10-30 Fiederpaare und können beim Bonsai relativ leicht verkleinert werden. Die schönen, orchideenartigen Blüten sind gelblich mit roter Zeichnung und blühen am neuen Austrieb.

Die braunen Hülsenfrüchte, 5-18 cm lang und 2-3 cm breit, besitzen ein breiiges Fruchtmark, in dem die Samen eingebettet sind. Die Araber verglichen den Geschmack des getrockneten Fruchtmarks mit ihren Datteln und nannten es deshalb „Indische Datteln".

Standort: Ganzjährig im Haus an einem sehr hellen Ort, da er wie alle tropischen Pflanzen viel Licht benötigt. Wenn es draußen warm wird, freut er sich auf eine sonnigen Platz im Freien.Im Herbst, wenn die kühleren Nächte kommen, sollte er wieder ins Haus genommen und bei 15-22° C aufgestellt werden. Wenn der Tamarindenbaum kühl oder zu dunkel steht, wird er seine Blätter abwerfen, jedoch bei wärmeren Temperaturen wieder neu austreiben.

Gießen: Im Sommer gleichmäßig feucht halten. Im Winter, wenn er einen kühleren Standort hat, entsprechend weniger. Keine Staunässe!

Düngen: April-September alle 4 Wochen mit Bonsai-Flüssigdünger. Im Winter, wenn Ihr Baum kühl steht, nicht düngen.

Umtopfen: Am besten im Frühjahr, wenn er anfängt zu wachsen, aber auch im Sommer nach einem Rückschnitt möglich. Wurzelschnitt nicht vergessen (alle 2 Jahre)!

Erde: Indoor-Erde oder Lehm, Torf, Sand 1:1:1

Schneiden: Äste wie bei den meisten, aus den Tropen stammenden Bonsai, in der Hauptwachstumszeit, also von Mai-August. Sollen die Äste, an denen die neuen Triebe wachsen, dicker werden, so lassen Sie diese wachsen, bis sie 10-12 Fiederblätter getrieben haben, und schneiden Sie sie dann auf 1-2 Blätter zurück.Sollen die Äste sich normal entwickeln, so warten Sie auf ca 5-6 Blätter und kürzen dann auf 1-2 Blätter ein. Soll Ihr Baum Blüten und Früchte tragen, so lassen Sie die Triebe wachsen, bis diese Blüten ansetzen. Blühfähig ist Ihr Bäumchen allerdings erst nach Jahren.

Drahten: Am besten in der Hauptwachstumszeit und nur leicht verholzte Äste.

Vermehrung: Durch Stecklinge, Abmoosen und Samen. Am einfachsten kommen Sie zu einer Jungpflanze durch Samen. Stecken Sie das Samenkorn (z.B. von einer Asienreise mitgebracht) in einen ca. 5 cm großen Topf mit Indoor-Erde, gerade so tief, daß es nicht mehr sichtbar ist und halten die Erde immer feucht. Nach ca. 10 Tagen kommt das neue Pflänzchen ans Tageslicht.

Ulmus parvifolia
Chinesische Ulme – Immergrüne Ulme
Familie: Ulmaceae
Ulmengewächse
Subtropen

Ulmus parvifolia
Chinesische Ulme –
Immergrüne Ulme

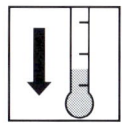

In Asien werden diese immergrünen Bäume 20 m hoch. Wachsen sie an einem kühlen Standort, werfen sie im Winter einen Teil ihrer Blätter ab. Die Ulme hat kleine, dunkelgrüne, am Rande gekerbte Blättchen, die wechselständig und fast ohne Blattstiel am Trieb wachsen. Die grünlichen Blüten erscheinen im Herbst. Die Krone öffnet sich nach oben mit leicht überhängenden Zweigen. Der Ulmen-Bonsai ist einer der beliebtesten und auch anspruchslosesten Miniaturbäumchen. Er wird bereits seit vielen hundert Jahren in China und Taiwan gestaltet und bezaubert durch seine kleinen Blättchen, feine Verzweigung und durch seinen kräftigen, robusten Stamm. Er nimmt auch gröbere Pflegefehler wie z.B. zu naß, zu trocken oder Temperaturschwankungen nicht tragisch. Ein Baum, der für den ersten Versuch, eine Bonsaisammlung aufzubauen, zu empfehlen ist.

Standort: Im Haus an einem hellen, auch sonnigen, Fensterplatz oder ab Ende Mai im Freien an einem sonnigen Standort. Bevor die Frostperiode einsetzt, sollte er wieder seinen Platz im Haus einnehmen. Dann kann er bei 6-22° C überwintern. Steht er warm, benötigt er viel Licht und Luft. Muß er darauf verzichten, so wird er gerne von der roten Spinne befallen.

Gießen: Vor dem Wässern immer leicht antrocknen lassen; dies gilt auch für die kühle Überwinterung.

Düngen: Alle 14 Tage mit organischem flüssigen Bonsaidünger. Im Winter, wenn er warm steht, also ab Oktober, alle 4-6 Wochen düngen. Es ist empfehlenswert, Anfang Juni eine Gabe organischen Pulverdünger auf die Erdoberfläche zu streuen.

Umtopfen: Alle 2 Jahre zu Anfang des Frühjahrs mit kräftigem Wurzelschnitt.

Erde: Indoor-Erde oder Lehm, Torf, Sand 2:1:1

Drahten: Immer dann, wenn die Ästchen gut verholzt sind. Ulmus können jedoch sehr leicht durch richtiges Schneiden gestaltet werden.

Schneiden: Neuaustrieb immer wieder auf 2-3 Blätter zurückschneiden, wenn er 8-12 Blätter getrieben hat oder beginnt, zu verholzen.

Vermehrung: Am schnellsten durch Stecklinge ab Juni-August. Sie bewurzeln sich auch im Wasserglas.

Pflanzen für die
Indoor-Gestaltung

Die Freude an Indoors scheint ansteckend zu sein. Immer mehr Menschen in USA und Europa wenden sich den kleinen Bäumen tropischer oder subtropischer Herkunft zu, die sich in unseren Wohnungen wie zu Hause fühlen. Das Angebot im Fachhandel wird von Jahr zu Jahr größer und attraktiver.

Auf den zurückliegenden Seiten haben Sie aus den Indoor-erprobten Pflanzenfamilien jeweils einen Vertreter kennengelernt. Natürlich kann dies nur ein winziger Ausschnitt aus der Fülle sein, die uns die Natur bietet. Also: Wagen Sie bei Ihrem Hobby Neues. Lassen Sie sich von den Bäumen und Sträuchern inspirieren, die ihnen am Mittelmeer begegnen, schauen Sie in Blumengeschäfte und Gartencenter... und seien Sie mutig und kreativ.

Auf den folgenden Seiten finden Sie zur Anregung Pflanzen, die sich für die Bonsai-Gestaltung eignen und die sich im Haus wohl-fühlen.

Acacia karoo

Acacia baileyana
Akazie

Subtropische und tropische Bäume mit ansprechender Wuchsform, gefiederten, kleinen Blättern und goldgelben, duftenden Blüten. Bei uns fälschlich Mimose genannt. Für die Bonsai-Gestaltung eignen sich besonders die auch in der Natur kleiner bleibenden Acacia baileyana und Acacia farnesiana. Beide Arten werden bei uns in Europa vor allem an der französischen Riviera angepflanzt. Acacia baileyana muß kühl und hell bei ca. 8-12° C überwintert werden; Acacia farnesiana kann sich wärmeren Temperaturen im Haus anpassen. Nur etwa alle 2 Jahre umtopfen, gleichmäßig feucht halten. Andere empfehlenswerte Arten: A. caveni, A. spectabilis, A. verticilata, A. karoo.

Albizia julibrissin
Seidenakazie

Laubabwerfende Bäume mit gefiederten Blättern und weiß bis hellrosa Blüten, in den Tropen und Subtropen der Alten und Neuen Welt weit verbreitet; bei uns im Tessin und am Mittelmeer angepflanzt, daher als „Kalthaus-Bonsai" heranziehen.

Araucaria heterophylla (excelsa)
Zimmertanne

Einer der bekanntesten Bäume subtropischer Landschaften, unproblematisch als Indoor-Bonsai, verträgt warme Temperaturen und nimmt Trockenheit nicht übel, möchte keine pralle Sonne.

Ardisia crenata
Spitzblume

Immergrüne, sehr klein wachsende Bäume und Sträucher mit weißlichen Blüten und erbsengroßen, roten Beerenfrüchten. Reizvoll als Bonsai, da sich die Früchte mehrere Monate halten, wenn die Pflanze sehr hell steht und bei 15-18° C überwintert wird. Ardisien neigen nicht zu großer Verzweigung.

Argyramthemum foeniculaceum

Margerite

Die zierliche Strauchmargerite stammt von den Kanarischen Inseln; ein in der Natur 50–100 cm hoher Strauch, der auch als Indoor fast das ganze Jahr über mit vielen margeritenähnlichen Blüten besetzt ist. Ein sehr hübsches, kräftig wachsendes Bäumchen. Kalthausbedingungen: heller Standort, kühle Überwinterung bei 5-12° C, mäßig gießen.

Bambusa multiplex

Bambus

Eine große Anzahl dieser tropischen, holzigen Gräser ist bei uns auch am Mittelmeer zu finden; für Indoor-Pflanzungen ist Bambusa multiplex besonders geeignet. Es möchte einen sehr hellen Standort (pralle Sonne im Sommer vermeiden), viel Wasser und bei 20-22° C überwintern. Bei Bambusgräsern entwickeln sich die neuen Blätter in der Triebspitze. Sie werden ausgezupft, bevor sie sich aufrollen, wenn der Bonsai kompakt bleiben soll.

Bucida spinosa

Schwarze Zwerg-Olive

Dieser zierliche karibische Baum wächst fast von selbst in eine Bonsai-Form. Gut wässern, Wurzeln jährlich beim Umtopfen im Februar leicht zurückschneiden. Neue Triebe nur wenig einkürzen (abzupfen).

Bursera simaruba
Balsambaum

Der amerikanische Balsambaum kann in seiner karibischen Heimat
bis zu 15 m hoch werden; auffallend durch seinen rotbraunen
Stamm, an dem sich die Borke wie durchsichtiges Papier ablöst.
Er hat gefiederte Blätter und grünlich-gelbe Blüten. Alle Teile des
Baumes sind aromatisch.
Bursera simaruba ist als Indoor-Bonsai anspruchslos, verträgt
Wärme und Trockenheit. Stecklinge bewurzeln sehr schnell in
feuchter Erde.

Callistemon
Zylinderputzer

Es gibt viele Arten dieser Myrtengewächse. Sie stammen aus Australien und werden dort ca. 3 m hoch. Sie haben meist dunkelgrüne, ledrige Blätter.
Der Zylinderputzer braucht viel Sonne und Luft; mit kalkarmem
Wasser gießen, gleichmäßig feucht halten. Triebe werden nach der
Blüte stark zurückgeschnitten. 6-10° C im Winter, dann natürlich
weniger gießen. Ab Mai im Freien halten.

Carissa macrocarpa
Natalpflanze

Zu der Familie der Wachsbäume gehört dieser tropische, immergrüne, kleinblättrige, dornige Strauch. An einem sehr hellen Standort entwickelt er duftende, weiß-rosa Blüten und eßbare, dunkelrote
Früchte. Mäßig gießen, warm überwintern. Nur im Herbst und
Winter umtopfen, dabei Wurzeln wenig zurückschneiden.

Cassia marilandica
Kassie, Gewürzrinde

Die Cassia marilandica gehört zu den alten Arzneipflanzen der nordamerikanischen Indianer. Sie hat einen leicht verholzten Stamm, feine zusammengesetzte Blättchen, gelbe Blütchen und wird auch in der Natur nur 0,5 – 1 m hoch.
Als Indoor-Bonsai verträgt sie auch etwas höhere Temperaturen als z.B. Cassia angustifolia und andere Cassia-Arten, die im subtropischen Mittelmeergebiet häufig als Topf- und Kübelpflanzen zu finden sind. Sie können bei uns als „Kalthaus-Bonsai" gezogen werden. Kühl stellen!

Chamaecyparis pisifera Plumosa,
Ch. pisifera Nana Aurea und
Ch. pisifera Squarrosa
Scheinzypresse

Die meisten Scheinzypressen eignen sich nur als Outdoor-Bonsai; diese jedoch gedeihen auch als Indoors und vertragen etwas höhere Temperaturen, wenn ihr Blattwerk öfter übersprüht wird. Nie direkt auf eine Heizung stellen! Ideal ist ein kühler, sehr heller, luftiger Fensterplatz. Das ganze Jahr über mäßig gießen und vor erneutem Gießen etwas antrocknen lassen.

Cinnamomum camphora
Kampferbaum

Kampferbäume sind im tropischen und subtropischen Asien zu finden. Sie können bis zu 40 m hoch werden und bilden mächtige Stämme aus, die von dicker, rissiger Rinde bedeckt sind. Die eiförmigen, dichtwachsenden, glänzenden Blätter sind oft etwas zu groß für die Bonsai-Gestalt des Baumes, können aber nach und nach verkleinert werden. Kampferbäume möchten einen hellen, mäßig warmen Standort.

Citrus microcarpa

Pflege, siehe Fortunella hindsii, Seite 125.

Coffea arabica und C. robusta

Kaffeestrauch

Mit seinen immergrünen, dunkelgrün-glänzenden Blättern, sternförmigen, weißen Blüten im Sommer und roten Beerenfrüchten im Herbst ist das tropische Kaffeebäumchen das ganze Jahr über reizvoll. Im Sommer eher halbschattig, nicht ans heiße Südfenster; im Winter sehr hell stellen. Während der Wachstumszeit öfter und reichlich übersprühen, im Winter, je nach Raumtemperatur, sparsamer gießen, aber nicht ballentrocken werden lassen. Ideale Überwinterungstemperatur: 16-22° C.

**Cotoneaster microphyllus,
C. microphyllus cochleatus**

Felsenmispel

Sie sind immergrüne, langsam wachsende, kleinblättrige Mispelarten mit weißen Blüten und roten Beeren. Bei „Kalthausklima" sehr schöne Indoors und auch hervorragend für die Miniatur-Bonsaigestaltung geeignet.

Crassula sarcocaulis

Gehört zu den Sukkulenten und kommt aus Südafrika; wächst leicht in einer Schirmform und die Rinde wirkt schnell verholzt.
Sie braucht viel Licht und Luft und sollte, wenn Blüten gewünscht werden, ab Anfang Juni nicht mehr zurückgeschnitten werden.
Nach der Blüte kräftig zurückschneiden. Pflege wie Portulacaria, Seite 155.

Cuphea hyssopifolia
Köcherblümchen
Jap. Myrte

Ein Miniaturstrauch Mittelamerikas mit kleinen, schmalen Blättern und zierlichen, purpurroten Blüten, gut auch als Miniaturbonsai. Pflanze nicht ballentrocken werden lassen, immer leicht feucht halten. Sonniger, warmer Standort wichtig.

Cytisus racemosus
Ginster

Die bei uns so beliebte, im März und April reichlich gelb-blühende Heckenpflanze kann auch als Indoor-Bonsai gut gedeihen. Voraussetzung hierfür sind Kalthausbedingungen: ein luftiger, heller, kühler Überwinterungsplatz bei 8-12° C. Ginster-Bonsai mögen kalkhaltigen Boden.

Diospyros rhodocalyx
Schwarzrindige Dattelpflaume, Tropen

Immergrüner Baum mit tiefschwarzer, rauher Rinde, der gerne unter hohen Bäumen wächst. Er hat fast runde Blätter. Während seiner Ruhepause sieht er nicht besonders gut aus; dies ändert sich jedoch bei erneutem Austreiben im Frühjahr. Er benötigt eine gute Drainage und hohe Luftfeuchtigkeit. Im Winter bei ca. 18° C aufstellen. Ein Blattschnitt im Juni hilft die Blätter klein zu halten. Vorsicht: beim Gießen nicht zu viel Wasser geben.

Eucalyptus citriodora
E. ficifolia
E. gunnii
E. rhodantha

Diese schnell wachsenden Bäume kommen fast alle aus subtropischen Klimazonen und gehören zur Familie der Myrtaceen. Temperaturen im Winter im Haus bei 12-18° C, hell. Im Sommer im Freien bei voller Sonne. Gleichmäßig feucht halten und nicht ballentrocken werden lassen. Triebe auf 1-2 Blätter zurücknehmen. Eucalyptus lassen sich nicht leicht zum Bonsai gestalten, da sie Schwierigkeiten haben, längere Zeit in einer Schale zu wachsen.

Eugenia brasiliensis
Kirschmyrte

Ein immergrüner Zierstrauch mit glänzend-grünem Blattwerk, rotem Neuaustrieb und weißen Blütenrispen. Sehr gute Lichtverhältnisse sind erforderlich, damit das Bäumchen seine eßbaren, tiefroten Früchte entwickeln kann. Wie alle Myrtengewächse mag auch die Eugenia eine leicht saure Erde, kann aber wesentlich wärmer als ihre Verwandten überwintern, bei etwa 18-20° C.

Eurya japonica
Jap. Schwarzbeere

Immergrüne, dekorative Sträucher mit ledrigen, dunkelgrünen Blättern, kleinen Blüten und kugeligen, schwarzen Früchten. Warm überwintern und immer feucht halten.

Eugenia uniflora

Surinam-Kirsche

Diese Eugenia wird auch Pitanga genannt und kommt aus Brasilien. Sie hat einzeln stehende, weiße Blüten und eßbare, fingernagel-große, runde, leuchtendrote Früchte mit tiefen Rippen. Die Blätter sind lanzettförmig, glatt und dunkelgrün, der Neuaustrieb feuerrot. Pflege wie Eugenia myrtifolia, Seite 107.

Euonymus japonicus variegata

Spindelbaum

Der immergrüne, langsam wachsende, buntblättrige Spindelbaum verträgt die Zimmertemperaturen einigermaßen. Im Winter kühl und hell bei ca. 8-15° C stellen; auch ein wärmerer Standort ist möglich. Im Frühjahr auf den Balkon, auf die Terrasse oder in den Garten bringen, jedoch im Herbst wieder ins Haus holen. Vermehrung ist durch Stecklinge möglich.

Euphorbia balsamifera

Tabaibabaum

Dieses Wolfsmilchgewächs ist auf den Kanarischen Inseln (Teneriffa) zu Hause und wird bis zu 1 m hoch. Seine natürliche Baumform kann durch das Ausschneiden störender Äste und Rück-schnitt der Triebe verbessert werden. Viel Licht und wenig Wasser benötigt diese Pflanze, um gut zu gedeihen. Im Winter bei 8-16° C; im Sommer ins Freie bei voller Sonne.

Ficus virens

Pflege, siehe Ficus religiosa, Seite 121.

Gmelina hystrix
Igelbusch

Der Igelbusch ist ein kletternder, tropischer Busch und gehört zu der Familie der Verbenaceae; kommt dem Habitus der Bougainvillea sehr nahe. Die efeuähnlichen, dunkelgrünen Blätter sind auf der Oberfläche matt. Er blüht gelb, die Hochblätter sind purpurrot. Als Bonsai kommt er aus Thailand, benötigt wenig Wasser, einen hellen Standort aber keine direkte Sonne. Meist wachsen die dünnen Triebe aus einem dicken Wurzelstock und bilden so eine interessante Baumgruppe.

Guaiacum officinale
Blauer Thomas, Pockholz

Dieser dichtwachsende karibische Baum hat eine auffallend weiß-graue Rinde und entwickelt auch als Bonsai intensiv blaue Blüten, wenn er sehr hell steht. Warm überwintern. Besser durch Schneiden gestalten, da die Äste sehr hart und wenig biegsam sind. Vor erneutem Gießen Erde leicht antrocknen lassen.

Grevillea rosmarinifolia
Silbereiche

Bei uns ist die Grevillea robusta als Zimmerpflanze bekannt. Grevillea rosmarinfolia erinnert mit ihren nadelähnlichen Blättern an Rosmarinus. Sie hat im Sommer leuchtendrote Blüten, die in Büscheln zusammenstehen. Für ein kühles Winterquartier ist sie sehr dankbar. Hell, aber nicht auf die Heizung und im Sommer ins Freie stellen. Die Grevillea benötigt viel Luft und Helligkeit. In der Wachstumszeit reichlich wässern. Im Winter sparsam gießen, jedoch nicht austrocknen lassen.

Hedera helix
Efeu

Eine robuste Zimmerpflanze, die einen kälteren wie wärmeren Standort gut verträgt. Allerdings dauert es einige Zeit, bis sie ein dickeres Stämmchen, also „Baumcharakter", entwickelt hat.

Hibiscus rosa – sinensis
Chin. Roseneibisch

In den Subtropen ein wüchsiges, kleines Bäumchen; bei uns eine seit langem beliebte, immergrüne Topfpflanze mit glänzend-grünen Blättern und großen, trichterförmigen, rosa-roten Blüten.
Bei 12-15° C überwintern und während der Wachstums- und Blütezeit reichlicher gießen. Der Roseneibisch kann leicht als Bonsai gestaltet werden.

Hibiscus tiliaceus
Stundeneibisch

Er kann sehr warm überwintert werden. Ein sehr heller Standort ist wichtig für die Blatt- und Blütenbildung. Vor jedem Gießen etwas antrocken lassen. Diese Hibiscus-Art verträgt einen starken Rückschnitt.

Ilex asprella
Taiwan-Stechpalme

Die laubabwerfende Taiwan-Stechpalme wächst dort in den Wäldern meist unter größeren Bäumen. Sie hat eine schwarze Rinde mit kleinen weißen Punkten; die Blätter sind wechselständig, dunkelgrün mit feinen Adern. Die kleinen, weißen Blüten kommen mit dem Blattaustrieb im Frühjahr; danach entwickeln sich kleine, eiförmige, schwarze, erbsengroße Früchte. Die Äste wachsen von Natur aus waagerecht nach außen. Verträgt volle Sonne und Halbschatten gleich gut. Mäßig gießen. Idealer Standort bei 15-18° C. Auch beim Blattschnitt im Juni gibt es keine Probleme.

Ilex crenata, Ilex crenata Marisii
Stechpalme

Niedrigwachsende Stechpalmenarten mit kleinen Blättern. Eine Bonsai-Gestaltung wird besser durch Schneiden als durch Drahten erreicht, denn Stechpalmenzweige sind brüchig. Bei Ilex vomitoria entwickeln die weiblichen Pflanzen rote Beeren, falls ihre Blüten vorher bestäubt wurden.

Ixora javanica
Krappblume

Mit ihren glutroten Blütenständen gehören die Ixoren zu den prächtigsten Ziersträuchern der Tropen. Als Zimmerbonsai gezogen, möchten sie leicht saure Erde, wachsen auch bei weniger Licht, blühen aber nur an einem sehr hellen Fensterplatz und ganzjährigen Temperaturen um 18-22° C.

Leptospermum scoparium
Australische Myrte

Dieser zu den Myrtengewächsen gehörende Zierstrauch aus Neuseeland entwickelt nadelförmige, stachelspitzige Blätter und kleine, weiße, rosenähnliche Blüten. Hell und kühl stellen, immer feucht halten und die Wurzel nur wenig zurückschneiden. Die australische Myrte braucht viel Luft, nicht auf die Heizung stellen.

Ligustrum japonicum,
Ligustrum jap. rotundifolium

Immergrüne japanische Liguster werden wegen ihres schönen, glänzend-grünen Blattwerks auch als Indoor-Bonsai gezogen, Ligustrum lucidum zusätzlich wegen seiner Blütenpracht. Beide Arten möchten kühl überwintern, können sich aber auch wärmeren Temperaturen anpassen.

Myrsine africana
Myrsine

Ein subtropischer, kleiner, dichter Busch (1 m) aus Südafrika mit kleinen dunkelgrünen, runden Blättchen, unscheinbaren rötlich-braunen Blüten und blauen Beeren. Diese Pflanze ist zweihäusig, das bedeutet, wenn man Wert auf Früchte legt, benötigt man zwei Pflanzen, nämlich eine männliche und eine weibliche. Um eine elegante Form zu erreichen, wird man nicht ohne Drahten auskommen, da die Äste sehr steif sind und gerade wachsen. Pflege wie Myrten, Seite 147.

Nandina domestica
Chinesischer Bambus

Gehört zur Familie der Berberidaceae und kommt aus China. Sie ist eine sehr interessante Pflanze mit rosafarbenem Austrieb, deren Blätter über Gelbtöne zu dunkelgrün einfärben, um im Herbst in dunkelrot zu wechseln. Im Herbst bekommt die Nandina dann rote Beerenfrüchte. Als Bonsai ist die Pflanze jedoch nicht so gut geeignet, da sie sich schwierig zu einer schönen Baumform gestalten läßt. Im Sommer ins Freie stellen, im Winter im Wintergarten bei 10-16° C; mäßig gießen. Steht sie zu warm, wirft sie ihr Laub ab, treibt im Frühjahr jedoch wieder erneut aus.

Nicodemia diversifolia
Zimmer-Eiche

Ein tropischer Zierstrauch aus Madagaskar mit wellig-gelappten, stark geäderten Blättern, die allmählich auf „Bonsai-Größe" verkleinert werden können. Das Bäumchen kann allein durch Rückschnitt gestaltet werden. Hell und bei ca. 10-22° C überwintern. Die Zimmer-Eiche braucht reichlich Wasser und kann auch etwas dunkler stehen und durch Stecklinge vermehrt werden.

Ochna serrulata
Wilder Birnbaum

Diese aus Südafrika stammende subtropische Pflanze neigt zu sparrigem Wuchs, und man sollte deshalb schon bei jungen Pflanzen mit der Bonsaigestaltung beginnen, um eine elegante Baumform zu erreichen. Besonders reizvoll sind die kräftig gelben Blütenblätter. Die schwarzen Früchte hängen an dem Blütenkelch, der sich inzwischen in ein leuchtendes Rot verfärbt hat. Umgetopft wird alle 3 Jahre. Standort: ab Frühjahr im Freien, im Winter kühl bei ausreichendem Licht stellen. Gleichmäßig feucht halten.
Ochna kirkii kommt aus dem tropischen Teil Afrikas und sollte im Winter etwas wärmer stehen.

Pelargonium rhodanthum
Rosenblütige Pelargonie

Von den Pelargonien, bei uns auch als Geranien bezeichnet, eignet sich diese kleinbleibende Art mit ihren herzförmig-nierenförmigen, graugrünen Blättchen und rosa bis tiefroten Blüten besonders gut für die Bonsai-Gestaltung. Die Pelargonie möchte einen sehr hellen Standort und mäßig gegossen werden; wirft die Blätter ab, wenn sie zu naß steht. Überwinterungstemperatur ca. 16° C. Die Pelargonie braucht viel Luft und viel Licht.

Pemphis acidula
Silberweide

Ein immergrüner, sehr salzverträglicher Baum mit silbriggrauen, gegenständigen, kleinen Blättchen und weißen Blüten. Die Rinde ist je nach Sorte borkig wie bei Kiefern oder glatt und hellgrau. Beide benötigen reichlich Wasser, viel Luft und ausreichend Dünger sowie einen warmen Standort im Winter bei Temperaturen nicht unter 16° C. Bei uns ist diese Pflanze relativ schwer zu halten.

Phylica ericoides
Kapmyrte

Immergrüne, zierliche, heidekrautähnliche Sträucher mit schmalen, nadelförmigen Blättchen und weißen Blütenbüscheln – hübsche Indoors bei „Kalthausklima". Sehr hell und sonnig stellen, mäßig gießen, antrocknen lassen, gießen mit kalkarmem Wasser.

Pinus halepensis
Seekiefer
Pinus pinea
Pinie

Wohl die einzigen Kiefern, die sich für den Wohnraum eignen, vorausgesetzt, daß für eine kühle (5-15° C) Überwinterung gesorgt werden kann. Ab Mai-Oktober im Freien bei voller Sonne. Wenig Wasser; Drahten in den Wintermonaten. Die Triebspitzen (Kerzen) werden im Frühjahr, bevor sie sich öffnen, um ca. 1/3 mit den Fingern eingekürzt. Die alten Nadeln sterben von innen her ab und sollten dann entfernt werden, da sie nicht von allein abfallen.

Pithecellobium dulce
Manila-Tamarinde

Ein rasch wachsender, tropischer Baum mit ausladender Krone. Die Fiederblätter sind graugrün und klappen bei Wind und gegen Abend nach oben. Die Blüten sind gelblich-weiß, die Früchte rötlich. Die Manila-Tamarinde benötigt viel Licht, 15-22° C Wärme und sandige Erde. Im Sommer gleichmäßig feucht halten und im Winter den Erdballen vor erneutem Gießen leicht antrocknen lassen. Neuaustrieb auf zwei Blätter zurücknehmen, wenn 10-12 Blattpaare gewachsen sind.

Pittosporum tobira
Klebsamen

Ein subtropisches, immergrünes, dicht wachsendes Bäumchen mit lederartigen, glänzend dunkelgrünen Blättern und stark duftenden, weißen Blüten (April-Juni). Als Indoor-Bonsai möchte es hell und kühl stehen und wie die Myrte behandelt werden.

Pyracantha
Feuerdorn

Arten wie P. angustifolia und P. crenata-serrata, bei uns beliebte immergrüne Heckenpflanzen, sind mit ihren kleinen Blättern, weißen Blütchen im Frühjahr und rotem Beerenschmuck im Herbst auch dekorative Indoor-Bonsai. Sie möchten im Winter kühl stehen und während der Blüten und Fruchtreife reichlich, sonst mäßig gegossen werden. P. koidzumii kann auch etwas wärmer stehen.

Quercus suber
Korkeiche

Ein immergrüner, knorriger Baum des Mittelmeerraums, für die Bonsai-Gestaltung empfehlenswert. Korkeichen brauchen ein „Kalthausklima", werden mäßig gegossen und nur etwa alle 2-3 Jahre umgetopft. Wurzeln nur wenig zurückschneiden. Wenn Sie die Pflanzen sammeln, nur jüngere Exemplare auswählen, denn ältere vertragen keinen starken Wurzelschnitt.

Raphiolepsis indica

Ein dekorativer, niedrig bleibender, langsam wachsender Zierstrauch mit ledrigen Blättern und weiß-rosa Blüten, später blauschwarzen Früchten. Als Bonsai nur durch Schneiden gestalten, denn seine brüchigen Zweige sind schwer zu drahten.
Für diesen subtropischen Strauch sind Kalthausbedingungen ideal; er kann sich aber auch wärmeren Temperaturen anpassen.

Sophora prostata
„Little Baby"

Die Sophora prostata kommt aus Neuseeland, wächst sehr langsam
und wird in ihrer Heimat ca. 1 m hoch und 60 cm breit, wirft den
größten Teil ihrer Blätter im Winter ab. Die Sophora benötigt viel
Licht und Luft. Kühl überwintern, mäßig gießen.

Taxodium distichum
Sumpfzypresse

Ein laubabwerfender Nadelbaum, dekorativ als Indoor-Bonsai.
Er möchte kühl und trocken überwintern, wirft in dieser Zeit sein
Laub ab und braucht ab dem Neuaustrieb im Frühjahr einen sehr
hellen, luftigen Platz und sehr viel Wasser.

Trachelospermum jasminoides
Sternjasmin

Ein immergrüner Strauch mit länglichen, lederartigen Blättern
und stark duftenden, weißen Blüten in end- und achselständigen
Trauben. Ein hübsches Indoor-Bäumchen, das sich bei Kalthaus-
Bedingungen gut entwickelt.

Triphasia trifolia

Ein langsam wachsendes Citrusgewächs mit weißen, kleinen Blüten
(ähnlich denen der Murraya) und kleinen, runden, dunkelroten,
fingernagelgroßen Früchten. Als Bonsai liebt er Halbschatten,
reichlich Dünger, sandigen Boden und nicht zu viel Wasser. Er
braucht einen hellen Fensterplatz, will keine pralle Sonne und nicht
unter 15° C im Winter. Ein Platz im Freien den Sommer über tut
ihm gut.

Vitex agnus-castus
Mönchspfeffer

Ein kleiner, 4 m hoher Baum mit hellblauen Blüten im Herbst. Er hat eine wunderschöne beige Rinde und einen kräftigen Stamm. Als Bonsai ist er in Thailand schon lange bekannt. Er benötigt viel Luft und Licht; bei zu geringen Lichtwerten wirft er Blätter ab. Er ist im Zimmer nicht gut zu halten, im Wintergarten ist dies jedoch möglich. Am besten gedeiht er im Freien ab Ende Mai-September, dann im Wintergarten bei ca. 12-15° C. Während der Ruhepause wirft er meist sein Laub ab und treibt im Frühjahr erneut aus. Während der Winterruhe sparsam gießen; im Sommer vor dem erneuten Wässern leicht antrocknen lassen.

Wrigthia
oder Holarrhena antidysenteria

Ein tropischer, immergrüner Strauch mit schmalen Ästen und dekorativen, fuchsienähnlichen, weißen Blüten. Als junge Pflanze zum Indoor formen, warm überwintern bei 18-22° C. Das Bäumchen liebt eine hohe Luftfeuchtigkeit, benötigt sehr viel Licht und sollte während seiner langen Blütezeit reichlich gegossen werden.

Outdoors,
die im Haus gedeihen

Dieser Pyracantha koidzumii kommt aus Taiwan und kann bei uns in kalten Räumen gehalten werden.

Oft ist es Zufall, manchmal Wagemut, daß Hobby-Gärtner immer wieder Erfahrungen machen, die allen bisherigen widersprechen. Die Natur läßt sich eben nicht durch Gesetze regeln.

So kommt es immer wieder vor, daß Outdoors – also Bonsai, die eigentlich im Freien leben – jahrelang im Haus stehen und sich dort offensichtlich wohlfühlen. Fragt man die Besitzer nach ihrer besonderen Fürsorge, so erfährt man: Genügend Licht und Luft ist das A und O. Bäume und Sträucher, deren natürlicher Lebensraum draußen im Freien ist, sollten außerdem vor zuviel Wärme bewahrt werden – im Winter also nicht auf der Heizung stehen, damit sie ihre Winterruhe einhalten können.

Kühl, hell und luftig muß der Standort und sorgfältig die Pflege sein, wenn es Outdoors auch als Indoors gutgehen soll.

Hobby-Gärtner haben die folgenden Pflanzen lange und mit gutem Erfolg im Haus erprobt:

Feuerdorn, Wacholder, Zypressen, Schein-Zypressen, Zelkoven, Cotoneaster, Liguster, Ginkgo, Thuja.

RICHTIGE ANTWORTEN AUF WICHTIGE FRAGEN

„Wer fragt, der lernt."

**Bonsai-Fachleute stehen Ihnen
mit guten Ratschlägen zur Verfügung**

1. Fühlen sich Indoors ausschließlich im Haus wohl?

Nein. Das Haus ist nicht die natürliche Lebenswelt der Pflanzen.
Zwar gedeihen die kleinen Bäumchen subtropischer oder tropischer Herkunft in unserem Wohnklima, jedoch stehen sie –
besonders Kalthaus-Bonsai – im Sommer auch gern an einer
windgeschützten Stelle im Freien. Achten Sie auf die Angaben
auf den Seiten 87 bis 173.

2. Kann man auch Outdoors ins Haus holen?

Für kurze Zeit: ja. Zum Beispiel, wenn die Wohnung für einen
festlichen Anlaß besonders attraktiv gestaltet werden soll.
Unproblematisch ist dies in der warmen Jahreszeit, wenn sich die
Temperaturen drinnen und draußen annähern. Im Winter sollte
ein Outdoor – wenn er ins Haus geholt wird – in keinem Fall an
der Heizung stehen. Wichtig ist außerdem genügend Licht.

3. Können Indoors das ganze Jahre umgetopft und gestaltet werden?

Im Prinzip ja. Optimal ist das Umtopfen vor der Wachstumsperiode – also im Frühling. Blühende Pflanzen topft man nach
der Blüte um.

4. Wie oft sollen neue Triebe zurückgeschnitten werden?

Immer dann, wenn sie leicht verholzt sind oder ungefähr
6-8 Blattpaare gebildet haben.

5. Wie oft pflanzt man Indoors um?

Das hängt von der Art und dem Alter ab. Junge, schnell wachsende Pflanzen werden jährlich – ältere und langsamer wachsende Bäumchen alle 2-3 Jahre umgepflanzt.

**6. Ist der Wurzelschnitt nicht ein „schmerzhafter" Eingriff in die
natürliche Entwicklung der Pflanze?**

Nein. Das Entfernen der abgestorbenen Wurzeln schützt die
Pflanze vor Fäulnis und Verwesung. Das Kürzen der Wurzeln
um ca. 1/3 regt das Wurzelwachstum an und sorgt für eine
gesunde Entwicklung. Beides wird nur beim Umtopfen vorgenommen und nur, wenn der Wurzelballen voll durchwurzelt ist.

**7. Gegen das Drahten von Ästen und Zweigen gibt es viele
Vorurteile. Sind sie berechtigt?**

Nein. Fachgerechtes und behutsames Drahten fügt dem Bäumchen keine Verletzung zu, sondern macht es schöner. Das Formen der Pflanze ist außerdem eine sanftere Beeinflussung als
viele Einwirkungen, denen sich die Bäume draußen in der Natur
stellen müssen: Sturm, Hagel, Steinschlag usw.

**8. Wie entscheidet der Bonsai-Gärtner, welche Form er bei der
Gestaltung seines Bäumchens anstrebt?**

Er schaut mit Ruhe und von allen Seiten in die gewachsene
Gestalt seiner Pflanze „hinein" und erkennt die – von der Natur
angelegte – Form. Sie entscheidet, welche der klassischen
Bonsai-Formen dem Bäumchen am ehesten entspricht.

9. Gibt es eigentlich Bonsai-Samen?

Nein, auch wenn es nach der Aufschrift auf manchen Samen-
tütchen so scheint. Eigentlich müßte es heißen: „Samen für
Bonsai-geeignete Pflanzen".

10. Was ist ein „Solitär"?

Ein besonders schön geformtes, charaktervolles Bäumchen, das in der Regel mindestens 25 Jahre alt ist.

11. Welche Pflanzen eigenen sich als „Einstieg" in das Indoor-Hobby?

Natürlich beginnt man mit jungen Pflanzen. Geeignet sind alle Gummibaumarten, da sie in unserem Wohnklima problemlos gedeihen. Außerdem: Ulmen und Buschkirschen, denn sie nehmen kleine Pflegefehler nicht so übel.

12. Wie lange lebt ein Indoor?

Dafür gibt es keine Regel. Vor allem in den Ursprungsländern, aber auch bei uns, findet man bis zu 100 Jahre alte Bäumchen. Aber: Bonsai unterliegen, wie alles in der Natur, dem Gesetz vom Werden und Vergehen. Manche leben nur eine relativ kurze Zeit. Denken Sie daran, wie schnell ein Frühlingsstrauß verwelkt und einem neuen Platz macht.

13. Wenn ein Indoor „kränkelt" ... woran kann es liegen?

Zum Beispiel am Standort. Trotz Fensternähe brauchen die meisten Pflanzen zusätzliches – also künstliches – Licht.
Oder es liegt an der Luftfeuchtigkeit. Sie ist im Haus häufig zu gering.
Gießen Sie richtig? Zuviel ist ebenso schädlich wie zu wenig.
Lesen Sie im Zweifel auch im Kapitel „Krankheiten und Schädlinge" nach.
Bei unklaren und schwierigen Fällen hilft der Fachmann.
Im Heidelberger Bonsai-Centrum gibt es zum Beispiel eine Pflegestation, in der die Bäumchen wieder liebevoll hochgepäppelt werden.

14. Gibt es eine Faustregel fürs Gießen?

Was immer stimmt: Die Erde sollte nie völlig austrocknen. Sie vermeiden es, indem Sie – wenn die Erdoberfläche leicht angetrocknet ist – vorsichtig gießen oder, noch besser, tauchen.

15. Ist Übersprühen die richtige Methode, um die Luftfeuchtigkeit zu erhöhen?

Nicht die beste. Wirksamer sind Tabletts und Schalen mit Wasser, ein Wassergärtchen oder eine Saikei-Quelle.

16. Woher kommt der weiße Belag an Stammansatz und Schalenrand?

Von hartem, kalkhaltigem Wasser. Schädlich ist dieser Belag nicht, aber er stört das Auge. Vermeiden können Sie ihn, wenn Sie mit entkalktem Wasser gießen.

17. Sind „nasse Füße" für Indoors gefährlich?

Auf jeden Fall nicht gesund. Überschüssiges Gießwasser, das in den Untersetzer abfließt, sollte ausgekippt werden.

18. Gibt es auch gutartiges oder gar nützliches „Getier" an Indoors?

Ja – genau wie draußen in der Natur. Z.B. Regenwürmer, kleine, weiße Würmchen, Schnecken ... Denken Sie daran: Überall, wo Erde ist, ist Leben. Lassen Sie es gewähren.

19. Werden Indoors auch gedüngt?

Ja, wie andere Pflanzen auch. Informieren Sie sich im Kapitel „Standort und Pflege".

20. Darf man kranke Bäume düngen?

Nein. Geschwächte Pflanzen können nur wenig Nahrung aufnehmen. Zuviel würde ihnen zusätzlich schaden.

21. Ist ein Bäumchen krank, wenn es alle oder einen Teil seiner grünen Blätter verliert (spezielles Ficus-Problem)?

Nicht unbedingt. Meistens liegt ein Pflegefehler vor: Zu wenig Licht, nasse oder kalte Füße.

22. Was ist, wenn die Blätter im Inneren der Pflanze gelb werden?

Nichts Beunruhigendes. Entweder es handelt sich um ein ganz normales Abstoßen älterer Blätter, die neuen Platz machen, um eine Licht- und Luftknappheit im Innern des Bäumchens oder um vorübergehende Trockenheit. Solange die Pflanze treibt, ist alles in Ordnung.

23. Warum hält sich Moos im Haus nur kurze Zeit?

Indoor-Pflanzungen mit Moos kommen oft aus Gewächshäusern. Im Haus gedeihen zwar die Bäumchen, aber nicht das sie umgebende Moos. Daß es nach einiger Zeit braun wird, ist also ganz normal und kein Hinweis auf Pflegefehler.

24. Wie verliert man als Anfänger die Angst vor dem Schneiden?

Denken Sie zum Beispiel an unsere Haare. Je öfter sie geschnitten werden, desto schneller wachsen sie. Das gleiche geschieht bei Pflanzen. Jedes Zurückschneiden eines Triebs oder Zweigs regt zu neuem Wachstum an.

25. Sind Indoors auch für Büros mit 5-Tage-Woche geeignet?

Ja, durchaus. Am Freitagabend getaucht überstehen fast alle Bonsai-Arten unbeschadet das Wochenende.

26. Warum sind Bonsai teuerer als Topfpflanzen?

Unter vielen Pflanzen eignen sich nur wenige für die Bonsai-Gestaltung. Außer der sorgfältigen Auswahl steckt in jedem Bäumchen viel Zeit, gärtnerisches Können und künstlerisches Gestalten.

27. Ist das Alter für den Wert des Bonsai wichtig?

Alter ist nur ein Kriterium für den Wert und die Persönlichkeit eines Bäumchens. Ebenso wichtig ist die Gestalt. Natürlich findet man unter den älteren Bonsai besonders viele besonders schöne. Aber auch jüngere Bäumchen können schon reizvolle Bonsai sein.

28. Wie erklärt man Kritikern am besten, daß das Kleinhalten der Bäumchen nichts Unnatürliches ist?

Zum Beispiel so: Wie der Mensch, hat auch die Pflanze in ihrem Erbgut ganz verschiedene Entwicklungsmöglichkeiten. Je nachdem, wo sie aufwächst, entfalten sie sich unterschiedlich. In reichem Boden und guten Klima wächst die Pflanze schneller und wird größer; lebt sie in kargem Boden, z.B. an einem Felsabhang oder im Hochgebirge mit kurzer Wachstumsperiode und oft rauhen Winden, so wächst sie langsamer und bleibt klein und gedrungen. Beides hat die Natur vorgesehen.

INDOORS EINKAUFEN

„Every eye forms its own beauty".

Wie man Fehler vermeiden und Lehrgeld sparen kann

Fragen wir erfahrene Bonsai-Gärtner, die schon seit vielen Jahren besonders schöne Bäumchen sammeln, nach ihren Qualitätskriterien, so erfahren wir: „Der höchste Wert eines Bäumchens ist seine natürliche Schönheit". Und weiter: „Den Meister erkennt man daran, daß er für diese Schönheit ein Auge hat".

Versuchen wir es dennoch, so etwas wie Schönheitsmerkmale – Eigenschaften, die einen Bonsai wertvoll machen – zu beschreiben: Ob aufrecht oder geschwungen, gerade oder geneigt, die Gestalt des Bäumchens soll einfach, klar und eindeutig sein. Als Qualitätsmerkmal gilt außerdem, wenn der Stamm etwas breiter aus der Erde kommt und sich nach oben – bis zur Krone – verjüngt. Dies vermittelt den Eindruck einer kraftvollen, fest verwurzelten Pflanze.
Die Krone selbst ist ästhetisch vollkommen, wenn ihre Verästelung deutlich abgegrenzt und nachvollziehbar ist.
Ein Bäumchen, das konsequent in „seine" Gestalt hineingewachsen ist, hat immer seinen Wert. Prägt sich seine Form schnell ein und bleibt im Gedächtnis, so ist dieser Bonsai ganz sicher eine gute Wahl.
Die Persönlichkeit des Bonsai ist also wichtiger als sein Alter.
Ein ausgewogen gestalteter junger Baum, dessen Proportion von Stamm, Ästen und Blättern (oder Nadeln) harmonisch wirkt, kann wertvoller sein als ein alter, der gekünstelt und kompliziert geformt ist.
Häufig haben charaktervolle Bonsai sichtbare Schnittstellen. Diese sind keine Qualitätsminderung – im Gegenteil: gut verheilte Schnitte und „schöne" Narben sprechen für die Fachkenntnis und Liebe des Gestalters und geben dem Bonsai Persönlichkeit und Würde.

oben: Mönchspfefferbaum klar und einfach gestaltet
unten: Ficus religiosa mit besonders
schönem Stammansatz.

Natürlich muß ein Bonsai gesund sein. Der Hobby-Gärtner sieht es am kräftigen Aussehen und an der frischen Farbe der Blätter. Aber auch erfahrene Bonsai-Sammlerinnen und -Sammler bestätigen

Bäumchen und Schale bilden eine Einheit.

immer wieder, daß der Kauf eines Bäumchens Vertrauenssache ist,
„weil man ja nicht drinsteckt"! Der Kauf beim Fachmann, welcher
auch berät und für die Qualität seiner Pflanzen garantiert, ist daher
Angeboten, die durch ihren Preis verführen, vorzuziehen.

Eine interessante Entwicklung ist der Postversand. Ganz sicher liegt
es an den Fortschritten der Verpackungsindustrie, daß es heute
möglich ist, Pflanzen sicher und selbstverständlich der Post anzu-
vertrauen. Sie kommen tatsächlich gesund und unversehrt beim
Empfänger an. So werden mehr und mehr wertvolle Bonsai zu
Hause in Ruhe im Katalog ausgewählt, bestellt und per Postpaket
frei Haus geliefert.
Bäumchen vom Fachmann, die mit Sorgfalt und Erfahrung gestaltet
wurden, erkennt man auch an der Schale. Pflanze und Schale sollen
optisch wirklich zusammengehören – so als ob sie gemeinsam
gewachsen wären. Ist die Schale zu groß, scheint das Bäumchen
darin zu ertrinken; ist sie zu klein, kippt die Pflanze optisch um.

Auch hier gilt, daß Übung den Meister macht. Wenn Sie auch auf die Proportionen von Pflanze und Schale zu achten beginnen, werden Sie sehr bald klar beurteilen, ob eine Pflanze vom Fachmann kommt.

Wie für andere Hobbys gibt es auch für die Bonsai-Liebhaberei Möglichkeiten, Wissen zu erwerben, große Meister kennenzulernen und Seminare zu besuchen. Die richtige Adresse dafür sind die Bonsai-Clubs. Informieren Sie sich am Ende dieses Buches, welcher in Ihrer Nähe ist.

INDOORS VON A BIS Z

* Abbildung

Buttonwood

GEWUSST WO

**Wichtige Anschriften, Bezugsquellen
und Literaturhinweise**

Bezugsquellen/Fachhandel

Bonsai-Centrum Edling
Budapester Straße 2
W-1000 Berlin 30
Tel.: 0 30 / 26 02 12 48

Japan-Bonsai Berlin
J. & M. Pfeifer
Krumme Straße 52
W-1000 Berlin 12
Tel.: 0 30 / 3 12 12 58

Bonsai und Blumenboutique 46
Chr.Gromadecki
Mehringdamm 46
W-1000 Berlin 61
Tel.: 0 30 / 7 86 74 27
Fax : 0 30 / 7 85 97 66

Pluta Gartencenter Marienfelde
Buckower Chaussee 76-79
W-1000 Berlin 48
Tel.: 0 30 / 7 20 02 - 0

Pflanzencenter in Steglitz
Inh. Dipl. Ing. H. Babazadeh
Schloßstraße 34/ 35
W-1000 Berlin 41
Tel.: 0 30 / 7 91 32 51

Bonsai-Garten
W. Tunnat
Gärtnerstraße 24
W-2000 Hamburg 20
Tel.: 0 40 / 4 20 50 12

Wolfgang Bulda
Rübenkamp 5 d
W-2000 Hamburg 60
Tel.: 0 40 / 6 90 25 56

Jörgensen Bonsai Vertriebs GmbH
Blankenesener Chaussee 138
W-2000 Schenefeld/Hamburg
Tel.: 0 40 / 8 30 50 44
Fax: 0 40 / 8 30 17 95

Bonsai-Fachgeschäft S. Markwart
Röpraredder 2
W-2050 Hamburg 80
Tel.: 0 40 / 7 38 55 90
Fax: 0 40 / 7 38 62 47

Bonsai-Börse-Bremen
Bernward Wagner
Wyckstraße 11
W-2800 Bremen 1
Tel.: 04 21 / 21 98 42

Uwe Mock
Blumen GmbH
Doktorkamp 24
W-3340 Wolfenbüttel
Tel.: O 53 31 / 7 64 36

Blumen-Schmid
Fuldatalstraße 26
W-3500 Kassel
Tel.: 05 61 / 87 38 91
Fax : 05 61 / 87 13 27

Bonsai-Werkstatt
Werner M. Busch
Hammer Dorfstraße 167
W-4000 Düsseldorf 1
Tel.: 02 11 / 30 67 73

Bonsai Centrum Neuss
Baumschule Nabben
Schwarzer Weg 19
W-4040 Neuss-Reuschenberg
Tel.: 0 21 01 / 46 44 78

Bonsai-Garten Mönchengladbach
Walter Brandt
Geistenbecker Straße 81
W-4050 Mönchengladbach 3
Tel.: 0 21 66 / 1 68 06

Bonsai-Zentrum Niederrhein
Wolfgang Dethmers
Hülsdonker Straße 57
W-4130 Moers 1
Tel.: 0 28 41 / 12 15

Bonsai-Blumen Botanikum
Wilfried Geßner
Groß- und Einzelhandel
Grünstraße 39
W-4230 Wesel
Tel.: 02 81 / 6 61 61
Fax : 02 81 / 6 61 61

Bonsai Galerie M. Kempchen
I. Weber-Str. 3-5
W-4300 Essen
Tel.: 02 01 / 23 54 76

Bonsai Zentrum Münster
Dipl. Ing. Wolfgang Klemend
Weseler Straße 57
W-4400 Münster
Tel.: 02 51/ 52 64 99

Blumen-Paradies
Bremer Straße 40
W-4800 Bielefeld
Tel.: 05 21 / 6 03 94

Bonsai Schule Enger
Hermann Pieper
Feldstraße 21
W-4904 Enger/Steinbeck
Tel.: 0 52 24 / 58 79

Blumen Herold
Inh. H.W. Willms
Hahnenstraße 33
Gürzenichstraße 4
W-5000 Köln
Tel.: 02 21 / 21 21 81 oder 21 31 81
Fax : 02 21 / 21 03 38

Bonsai-Werkstatt
Werner M. Busch
Christian-Klausmann-Straße 6
W-5024 Pulheim-Stommeln
Tel.: 0 22 38 / 25 94

Bonsai-Schule
Schneider-Odenthal
W-5068 Odenthal-Scheuren
Tel.: 0 22 07 / 24 27

Blumen Giesen
Bonsai Center
Hydrokulturen
Trierer Straße 791
W-5100 Aachen-Brand
Tel.: 02 41 / 52 62 29

Bonsai - Kakteen - Exotica
Bärbel + F.J. Pies
Markusstraße 1
W-5144 Wegberg
Tel.: 0 24 34 / 56 15

Blumen-Kiekuth - Gartencenter
Hydro-Studio - Bonsai-Centrum
Wittener Straße 306
W-5600 Wuppertal-Oberbarmen
Tel.: 02 02 / 66 10 30
Fax : 02 02 / 64 51 87

Bonsai - Studio Lennep
Handelsweg 33
an der B 51 auf dem
Lenneper Pflanzenhof
W-5630 Remscheid-Lennep
Tel.: 0 21 91 / 6 18 81
Fax : 0 21 91 / 6 59 24

Bonsai-Zentrum Frankfurt
(Nähe Zoo)
Sandweg 6
W-6000 Frankfurt/Main 1
Tel.: 0 69 / 43 24 01

Bonsai-Studio Horlache
H. Schluckebier
Kranichstraße 47
W-6090 Rüsselsheim
Tel.: 0 61 42 / 5 12 59

Bonsai-Centrum Darmstadt
Stadtgeschäft und Zentrale
Luisenstraße 26
W-6100 Darmstadt
Tel.: 0 61 51 / 2 58 96

Bonsai Garten
H.P. Wittek
Schaafheimer Straße 3
W-6113 Babenhausen
Tel.: 0 60 73 / 6 14 75

Blumenhaus Hofmann
Bachgasse 7
W-6149 Rimbach-Zotzenbach
Tel.: 0 62 53 / 8 62 18

Bonsai-Pflanzen-Zentrum Wiesbaden
Friedrich-Naumann-Str. 18a
W-6200 Wiesbaden
Tel.: 06 11 / 40 24 11

Bonsai
Alexa Dengler
Sudetenstraße 3
W-6253 Hadamar 2 / Niederzeuzheim
Tel.: 0 64 33 / 28 53

Helgas Bonsaigarten
Altenfeldsweg 9
W-6300 Gießen
Tel.: 0 6 41 / 49 25 07

Bonsai-Garten
H. Peschmann
Adenauer Allee 9
W-6370 Oberursel
Tel.: 0 61 71 / 5 71 50

Bonsai-Studio Altenstadt
Christa Triesch
Pappelweg 8
W-6472 Altenstadt 1
Tel.: 0 60 47 / 12 38

- 100 Jahre -
Blumen-Wolf
Ihr Florist in Mainz
Bahnhofstraße 2 B und
Im Hauptbahnhof
W-6500 Mainz
Tel.: 0 61 31 / 22 24 27
Fax : 0 61 31 / 22 39 06

Pflanzenstudio Lauer
Peter Lauer
Am Bühlberg
W-6640 Merzig-Fitten
Tel.: 0 68 61 / 7 66 56
Fax : 0 68 61 / 7 51 58

Gärtnerei Hohn
Bonsai-Kakteen-Tillandsien
Denkmalstraße 5
W-6664 Hornbach
Tel.: 0 63 38 / 4 58
Fax : 0 63 38 / 4 32

Blumen Koch
Wormser Straße 80
W-6710 Frankenthal
Tel.: 0 62 33 / 2 19 12

Blumen Bihl
Wilhelmstraße 63
W-6840 Lampertheim
Tel.: 0 62 06/ 5 46 54

Bonsai-Centrum Heidelberg
Mannheimer Straße 401
W-6900 Heidelberg 1
Tel.: 0 62 21 / 83 60 19
Fax : 0 62 21 / 83 35 29

MOSAIK Kunst + Natur
Elisabeth Schroth
Eichelgasse 39
W-6980 Wertheim
Tel.: O 93 42 / 2 17 54

Bonsai-Studio
Heinz Heim
Schlachthausstraße 22
W-7060 Schorndorf
Tel.: 0 71 81 / 6 29 04

Blumenhaus Willi Ortlieb
Inh.: Susanne Ortlieb
Ledergasse 17
W-7070 Schwäbisch-Gmünd
Tel.: 0 71 71 / 6 63 34

Bonsai-Studio
Werkstatt und Gestaltung
Heinz Flinspach
Wilhelm-Schmid-Straße 15
W-7129 Brackenheim-Meimsheim
Tel.: 0 71 35 / 81 89

Bonsai-Centrum Enz
Inh. W. Schniz
Brunnengasse 17
W-7130 Mühlacker-Dürrmenz
Scheune
Tel.: 0 70 41 / 25 85

Bonsai Studio Tuttlingen
A. König
Rotwildstraße 30
W-7200 Tuttlingen
Tel.: 0 74 61 / 42 57

Bonsai Zentrum Armbruster
Edelmannsweg 28
W-7406 Mössingen (bei Tübingen)
Tel.: 0 74 73 / 2 46 25

Ingrid Wittek
Kraichgaustraße 33
W-7512 Rheinstetten 1
Tel.: 07 21 / 51 87 38

Rastatter Bonsai
Horst Klingmann
Im Wiesenfeld 2
W-7550 Rastatt
Tel.: 0 72 22 / 2 30 49
Fax : 0 72 22 / 2 66 04

Bonsai-Studio Baden-Baden
Friesenbergstraße 27
W - 7570 Baden-Baden
Tel.: 0 72 21 / 2 62 85

Bonsaischule Brandt
Südbadens große Bonsaigärtnerei
Mittlere Oberaustraße 7
W-7635 Schwanau-Nonnenweier
Tel.: 0 78 24 / 22 95

alphaflor
Salzstraße 1 (Eingang Drehergasse)
W-7800 Freiburg
Tel.: 07 61 / 3 46 46

Bonsai Design
Ihr Indoor Spezialist
Blumenstraße 25
W-8000 München 2
Tel.: 0 89 / 26 65 92

Bonsai-Centrum München
A. Bauer
Schleißheimer Straße 458
W-8000 München 45
Tel.: 0 89 / 3 13 10 26 / 27
Fax: 0 89 / 3 13 56 19

Bonsaigarten Rosenheim
Gerhard Vorderwühlbecke
An der Mangfall
W-8200 Rosenheim
Tel.: 0 80 31 / 1 67 92/ 4 11 48
(in der Baumschule Ludwig)

Gerda's Exotengarten
Inh. Gerda Vielhauer
Bonsai und Zimmerbrunnen
Meisham 1
W-8201 Eggstätt
Tel.: 0 80 56 / 14 43

Bonsai Garten Töging
L. Schüßler
Pettenkoferstraße 37
W-8266 Töging a. Inn
Tel.: 0 86 31 / 9 44 68
14.⁰⁰-18.⁰⁰ Uhr / Sa. 8.⁰⁰-12.⁰⁰ Uhr
und nach tel. Vereinbarung
Mi. geschlossen

Bonsai-Studio RETHO
Thomas Renner
Landauer Straße 3
W - 8441 Oberschneiding
Tel.: 0 94 26 / 21 48
um tel. Vereinbarung wird gebeten

Blumen Bierhals
Inh. H. + K. Erzberger
Im Rathaus
W-8450 Amberg
Tel.: 0 96 21 / 1 21 58

Radloff Gartencenter
Schnieglinger Straße 54
W-8500 Nürnberg 90
Tel.: 09 11 / 33 32 66
Fax : 09 11 / 33 38 86
kein Versand

Bonsai-Zentrale
Weißfloch / Krauß
Höfleser Hauptstr. 5 und
Schlotfegergasse 5
W-8500 Nürnberg
Tel.: 09 11 / 22 68 06
Fax : 09 11 / 22 35 74

Bonsai und Garten
Robert Dave Keil
Zeppelinstraße 11
W-8520 Erlangen
Tel.: 0 91 31 / 30 11 79

Bonsai-Centrum
Langensendelbach
Günter Weigand
Adlitzer Weg 5
W-8521 Langensendelbach
Tel.: 0 91 33 / 32 24

Blumen-Basad
Inh. Gisela Basad
Martin-Luther-Straße 2-4
W-8590 Marktredwitz
Tel.: 0 92 31 / 6 16 08
Fax : 0 92 31 / 6 35 85

Bonsai-Laden
Klaus Hössbacher
Bahnhofstraße 49
W-8750 Aschaffenburg-Obernau
Tel.: 0 60 28 / 72 93 (bis 18.^{00} Uhr)
0 60 21 / 6 62 02 (ab 18.^{30} Uhr)

Bonsai-Stübchen
Andreas Beissler
Maximilianstraße 27 A
W-8752 Kleinostheim
Tel.: 0 60 27 / 88 58

Bonsai-Gärtchen
E. Karpf
Kettler Straße 4
W-8755 Alzenau
Tel.: 0 60 23 / 24 87

Dehner Stammhaus
mit Gartencenter und Zoo
W-8852 Rain am Lech
Tel.: 0 90 02 / *7 70

Allgäuer Bonsaihöfle
Ringweg 7
W-8950 Kaufbeuren
Tel.: 0 83 41 / 48 75

Bonsai-Zentrum
Constanze & Roland Koch
Palmental 29
O-5900 Eisenach
Tel.: Eisenach / 7 51 34

Botanischer Bonsaigarten Pirna
Förderverein Landschloß
Pirna-Zuschendorf e.V.
Kastanienallee 6
O-8300 Pirna
Tel.: 32 88

Adressen/Ausland

Austria Bonsai
Gottfried Kattnig
Oberweng 12
A-9545 Radenthein
Tel.: 00 43 / 42 46 31 14
Österreich

Bonsai-Zentrum
Hermann Zulauf AG
CH-5107 Schinznach-Dorf
Tel.: 00 41 / 56 43 22 33
Schweiz

EBA European Bonsai Association
Sekretariat c/o René van Tilt
Heliotropenlaan 3
B-1030 Bruxelles
Belgien

Bonsai Europe S.A.
18, rue de Matigny
F - 75019 Paris
Frankreich

Iberbonsai S.A.
Partida del Mar, 22
E - 46120 Alboraya (Valencia)
Spanien

ANGKARB
Bonsai-Nursery
Tony + Bubpa T. Tanakul
383-385 Kampangpetch Road
Bangkaen, Bangkok 10900
Thailand

Tony Bonsai
N.3. Hsiaokiaots Lin.10.
Mei Hwali
Tachi Tsen, Taoyuan Hsien
Taiwan

Allgemeine Adressen

Bonsai-Club Deutschland
Wolfgang Wedhorn
Trifelsstraße 15
W-6718 Grünstadt 3
Tel.: 0 63 59 / 8 49 41

Zeitschrift
des Bonsai-Club Deutschland e.V.
c/o Udo Fischer
Oberdorfstraße 35
W-6919 Bammental

Katalog
Bonsai-Katalog in Farbe
Bonsai-Centrum Heidelberg
Mannheimer Straße 401
W-6900 Heidelberg 1
Schutzgebühr DM 5,00

Bonsai-Museum
Öffnungszeiten
Mo.-So. 10.^{00}-16.^{00} Uhr
Mannheimer Straße 401
W-6900 Heidelberg 1

Portulacaria afra

Bildquellen und Mitarbeit

Artemis-Verlag, München + Zürich
Peter Bloomer, Florida, USA
Günter Blum, Fotodesign, Heidelberg
Helmut Brenner, Aichtal
Achim Bunz, Windach
Kora E. Daiager, San Diego, U.S.A.
Udo Fischer, Bammental
C. Franchi, Pescia, Italien
Eberhard Grames, Deutschland
Antonio Gravalos Esteban, Spanien
Te Chang Huang, Taiwan
Iberbonsai S.A., Alboraya/Valencia, Spanien
Saburo Kato, Japan
Peter Krebs, Herborn
Ilona Lesniewicz, Heidelberg
Wu Ma, Taiwan
Mary Madison, Homestead, Florida, USA
Juan Antonio Montijano, Spanien
Felipe Recio Moreno, Spanien
John Naka, California, USA
Jyoti & Nikunj Parekh, Bombay, Indien
Arthur Rammacher, Hanau
Ana Saenz-Pisaca, Santa Cruz de Tenerife, Spanien
Lothar Schattat, Santa Cruz de Tenerife, Spanien
SIHEMA, Mannheim
James Smith, Vero Beach, Florida, USA
Tony + Bubpa T. Tanakul, Bangkok, Thailand
Amparo Vieco, Spanien
Huang Jiu Wei, Kanton, China
Josef Wiegand, Heidelberg